Aleksandra Sowa

Metriken – der Schlüssel zum erfolgreichen Security und Compliance Monitoring

T0254388

IT-Management mit ITIL®
von R. Buchsein, F. Victor, H. Günther und V. Machmeier

IT-Controlling realisieren
von A. Gadatsch

Das IT-Gesetz: Compliance in der IT-Sicherheit
von R.-T. Grünendahl, A. F. Steinbacher und P. H. L. Will

IT-Sicherheitsmanagement nach ISO 27001 und Grundschutz
herausgegeben von H. Kersten und K.-D. Wolfenstetter

Der IT Security Manager
herausgegeben von H. Kersten und K.-D. Wolfenstetter

Handbuch Unternehmenssicherheit
von K.-R. Müller

Prozesse optimieren mit ITIL®
von H. Schiefer und E. Schitterer

IT-Sicherheit kompakt und verständlich
von B. C. Witt

www.viewegteubner.de

Aleksandra Sowa

Metriken – der Schlüssel zum erfolgreichen Security und Compliance Monitoring

Design, Implementierung und Validierung in der Praxis

Herausgegeben von Stephen Fedtke

Mit 20 Abbildungen

PRAXIS

VIEWEG+
TEUBNER

Bibliografische Information der Deutschen Nationalbibliothek
Die Deutsche Nationalbibliothek verzeichnet diese Publikation in der
Deutschen Nationalbibliografie; detaillierte bibliografische Daten sind im Internet über
<http://dnb.d-nb.de> abrufbar.

Höchste inhaltliche und technische Qualität unserer Produkte ist unser Ziel. Bei der Produktion und
Auslieferung unserer Bücher wollen wir die Umwelt schonen: Dieses Buch ist auf säurefreiem und
chlorfrei gebleichtem Papier gedruckt. Die Einschweißfolie besteht aus Polyäthylen und damit aus
organischen Grundstoffen, die weder bei der Herstellung noch bei der Verbrennung Schadstoffe frei-
setzen.

1. Auflage 2011

Alle Rechte vorbehalten
© Vieweg+Teubner Verlag | Springer Fachmedien Wiesbaden GmbH 2011

Lektorat: Christel Roß | Maren Mithöfer

Vieweg+Teubner Verlag ist eine Marke von Springer Fachmedien.
Springer Fachmedien ist Teil der Fachverlagsgruppe Springer Science+Business Media.
www.viewegteubner.de

Umschlaggestaltung: KünkelLopka Medienentwicklung, Heidelberg
Gedruckt auf säurefreiem und chlorfrei gebleichtem Papier

ISBN 978-3-8348-1480-7

Vorwort

Der Einsatz von Metriken als Instrument der Compliance hat in Deutschland bislang noch relativ wenig Verbreitung gefunden, gewinnt aber in den Unternehmen, die die Effektivität ihrer internen Kontrollsysteme gegenüber sachverständigen Dritten nachweisen wollen (oder müssen), stetig an Bedeutung. Insbesondere die Anfangsphase der Implementierung von Metriken kann sich potentiell als „zäh" aufzeigen. Oftmals liegen noch keine Best Practices oder Industriebeispiele für den direkten Einsatz geeigneter Metriken vor, oder es bestehen – oft unbegründete – Berührungsängste mit der mathematischen Formelwelt der Metriken.

Aus diesem Problem entstand die Motivation für dieses Buch. Es greift das Thema „Metrik" auf eine eigene, über das Ziel besonders motivierende Weise auf und knüpft dabei auch an die englischsprachigen Quellen auf diesem Gebiet an. Bewusst wurde eine kompakte und pragmatische Form gewählt, indem sich das Buch auf die für die Praxis besonders leistungsfähigen und relevanten Metriken konzentriert, hierbei aber auch Methoden wie auch Lösungsoptionen für den praktischen Einsatz und die bedarfsgerechte Fortentwicklung und Adaption aufzeigt. Es stellt somit keinen Anspruch auf allgemeine bzw. wissenschaftliche Vollständigkeit, sondern bietet für die unternehmenspraktische Umgebung die notwendige Hilfe – im Sinne eines erfolgreichen Soforteinstiegs. Als Leser werden Sie deshalb auch zielorientiert und nachhaltig zum eigenen Recherchieren, Interpretieren und Experimentieren mit Metriken befähigt und motiviert – auch ohne mit den mathematischen bzw. methodischen Grundlagen in Berührung zu kommen.

Weshalb bedarf es allgemein noch erhöhter Motivation für den Einsatz von Metriken? Compliance in der Informationstechnologie (IT-Compliance) wird gerne als bloße Verpflichtung betrachtet, deren Umsetzung auf den ersten Blick primär nur – hohe – Kosten verursacht. Dabei kann eine effiziente und effektive Umsetzung regulatorischer Anforderungen an die IT-Kontrollen, bedingt durch die nachhaltig qualitätssichernde Wirkung, regelrecht zu einem Wettbewerbsvorteil werden. Dies aber nur dann, wenn der richtige Ansatz für deren Umsetzung gewählt wird.

Ein solcher Ansatz – eine methodische Vorgehensweise, um durch den Einsatz von Metriken die Effektivität implementierter Kontrollen zu bewerten, Verbesserungspotential zu identifizieren und zu kommunizieren – ist Kernthema dieses Buches. Hierfür wird in den Kapiteln 2 und 3 ein definitorisches Rahmengerüst aufgebaut, um die gängigen Begriffe wie Monitoring, Metrik und Kontrolle voneinander abzugrenzen sowie die gegenseitige Verknüpfungen und Verflechtungen aufzuzeigen. Ergänzend dazu enthält Kapitel 4 einen kurzen Überblick über die Anforderungen an das Monitoring bzw. die IT-Kontrollen am Beispiel ausgewählter regulatorischer Vorgaben, Normen und Standards.

Neben einer Sammlung von Metriken am Ende des Buches, welche nahezu direkt in die Anwendung übernommen werden können, vermittelt das Buch zugleich die notwendige praxistaugliche Methodik zur Entwicklung und Ableitung weiterer eigener Metriken, sowie erfolgreiche Vorgehensweisen zur Aggregation von Metriken bis hin zur Informations- und Entscheidungsvorlage für das Management. Der Leser findet eine anhand von Beispielen veranschaulichte Methode zur Ableitung der Metriken aus den Unternehmenszielen im Kapitel 5. Kapitel 6 ist den Verfahren gewidmet, welche es den Verantwortlichen ermöglichen, die Metriken, die Kontrollen – sowie das Monitoring insgesamt – den jeweils aktuellen Anforderungen entsprechend zu aktualisieren und in die Unternehmensprozesse nachhaltig zu integrieren. Zahlreiche Hinweise zur Gestaltung von Reports und Auswahl der für verschiedene Reporttypen geeigneter Inhalte wurden im Kapitel 7 vorgestellt. In gleicher Weise wird der angemessenen Darstellung der Ergebnisse im Rahmen des Reportings Aufmerksamkeit geschenkt und durch Beispiele dokumentiert. Ein Überblick über die ausgewählten – die aktuell populären und die weniger bekannten – Darstellungsmöglichkeiten wurde im Kapitel 8 dargestellt. Als eine Art Ausblick werden am Ende praxisnahe und erprobte Verfahren um die neuesten theoretischen und wissenschaftlichen Erkenntnisse ergänzt.

Dieses Vorwort wäre unvollständig ohne ein paar Dankesworte: Mein herzlicher Dank geht an Herrn Dr. Stephen Fedtke für den Ideenreichtum und die anregenden Gespräche. Christian Schulze möchte ich für die spontanen Hinweise und Ergänzungen aus seiner Tätigkeit als EDV-Revisor eines Kreditinstitutes, IT-Sicherheits-Berater und Dozent, sehr herzlich danken. Frau Lisa Reinerth möchte ich überdies danken für den speziell für dieses Buch entwickelten „Don Trust Comic" zum Thema Metriken. Frau Dr. Christel Roß sowie Frau Maren Mithöfer vom Verlag Vieweg+Teubner waren mir in vieler Weise behilflich; ihnen danke ich für die sehr gute Zusammenarbeit und für die reiche Ausstattung des Buches. Mein größter Dank geht an meine Familie für ihr Vertrauen und ihre Unterstützung.

Bonn, im Februar 2011   Dr. Aleksandra Sowa

Inhaltsverzeichnis

Abbildungsverzeichnis

Tabellenverzeichnis

1 Einführung – Warum Metriken?

„Das Schicksal hat die Bühne verlassen, auf der gespielt wird, um hinter den Kulissen zu lauern, außerhalb der gültigen Dramaturgie, im Vordergrund wird alles zum Unfall, die Krankheiten, die Krisen. [...] So droht kein Gott mehr, keine Gerechtigkeit, kein Fatum wie in der fünften Symphonie, sondern Verkehrsunfälle, Deichbrüche infolge Fehlkonstruktion, Explosion einer Atombombenfabrik, hervorgerufen durch einen zerstreuten Laboranten, falsch eingestellte Brutmaschinen. In diese Welt der Pannen führt unser Weg ...“

Friedrich Dürrenmatt, „Die Panne“

Verslehre ist eine konkrete Wissenschaft. Wer noch nie eine metrische Analyse von Verstexten vorgenommen hat, weiß vermutlich nicht, dass Interpretation von Gedichten ein Handwerk ist, das einen systematischen Ansatz erfordert. „Der Laie hat für gewöhnlich, sofern er ein Liebhaber von Gedichten ist, einen lebhaften Widerwillen gegen das, was man Zerpflücken von Gedichten nennt, ein Heranführen kalter Logik, Herausreißen von Wörtern und Bildern aus diesen zarten blütenhaften Gebilden“ – stellt Berthold Brecht in einem kurzen Prosatext „Über das Zerpflücken von Gedichten“ fest. Das „Zerpflücken“, diese wenig bekannte Wissenschaft der Reim-, Vers- und Strophenlehre, heißt Metrik. Entgegen der verbreiteten Meinung, haben metrische Studien es in keinem Fall nur mit stumpfem Zählen und Verseklopfen zu tun. Ihr Gegenstand ist die „in dem besonderen Sprachgebrauch begründete Sinnlichkeit von Verstexten und die Bedeutung ihrer metrischen Form“ (Moennighoff 2004, 8). Grundkenntnisse der Metrik helfen, Lyrik besser zu verstehen.

Ähnlich verhält es sich mit der Metrik als Instrument des Security und Compliance Monitoring. Nur, dass hier nicht die Reime oder Verse gezählt und analysiert werden, sondern die innewohnenden Merkmale der Informationssicherheit, die dazugehörigen Kontrollen, Prozesse und die an diesen Prozessen beteiligten Menschen. Werden diese Merkmale gemessen, ausgewertet, analysiert und bewertet, helfen sie, den Zustand sowie das Verbesserungspotential der Sicherheit und den Stand der Einhaltung relevanter Standards und regulatorischer Vorgaben (*compliance*) zu identifizieren. So hilft beispielsweise eine gute Sicherheitsmetrik „to evaluate the efficiency, effectiveness and impact of an information security program, and [...] identify and diagnose security-related problems“ (Maloney 2009, 1). Im Grunde genommen, erfüllen Metriken für die Informationssicherheit und Compliance eine sehr ähnliche Rolle wie in der Verslehre: Sie helfen, das Unternehmen besser zu verstehen.

2 Metrik – Definition und Begriffsabgrenzung

Metriken für Security und Compliance Monitoring – wozu braucht man sie eigentlich?

Um dies zu verstehen, muss man zuerst zu der Erkenntnis gelangen, warum Monitoring der Security und Compliance (*security compliance monitoring*) heute zu den wesentlichen Aspekten des Internen Kontrollsystems (IKS) gehört. Sicherheit und Compliance sind zu bedeutenden Performance-Indikatoren eines Unternehmens geworden. Nicht nur deshalb, weil bei der Nichteinhaltung regulatorischer Vorgaben die Haftungsrisiken für die Unternehmensleitung steigen und oft hohe Strafen drohen[1]. Auch deshalb, weil Reputationsrisiken bei bekannt gewordenen Sicherheitsschwachstellen und/oder Kontrollschwächen drohen, welche die Risikowahrnehmung bei Stakeholder und Shareholder beeinflussen – oft mit entsprechend negativen Konsequenzen für das Geschäft. Auch „wachsende Verwundbarkeit und die Gefahr massiver wirtschaftlicher Schäden in Folge von Risiken bei der Informationsverarbeitung erhöhen den Handlungsdruck", so das Bundesamt für Sicherheit in der Informationstechnik (BSI 2009, 6).

Sicherheit ist ein Prozess. Compliance dagegen wird als ein Zustand definiert[2]. Informationssicherheit ist geprägt durch den ständigen Kampf zwischen Code-Designer und Code-Brechern (Dobbertin 2002). Sie wird durch drei Grundwerte beschrieben: Vertraulichkeit (*confidentiality*), Verfügbarkeit (*availability*) und Integrität (*integrity*). Diese sind wie folgt definiert:

- Vertraulichkeit: Schutz vertraulicher Informationen (Daten) vor unbefugter Preisgabe.
- Verfügbarkeit: Verfügbarkeit von Dienstleistungen, Funktionen oder Informationen zum geforderten Zeitpunkt (ad hoc und ex post). Dies umfasst auch kontrollierte und sichere Aufbewahrung (Archivierung) von Daten und Datenträgern.
- Integrität: Vollständigkeit und Unverändertheit der Daten. Der Verlust der Integrität von Informationen kann bedeuten, dass diese unerlaubt oder zufällig verändert, Angaben zum Autor verfälscht wurden, oder der Zeitpunkt der Erstellung manipuliert wurde (BSI 2009).

---

1 Auf die regulatorischen Anforderungen an die Sicherheit wird im Kapitel 4 eingegangen.
2 Neben der Compliance als Zustand ist oft von einem Compliance-Prozess die Rede. Dabei handelt es sich um einen Prozess zur Herstellung bzw. Erreichung des Compliance-Zustandes.

Verbreitet ist die Aussage, dass es eine 100-prozentige Sicherheit nicht geben kann. Dies steht nicht im Widerspruch zu der Aussage, dass sich ein Unternehmen Ziele für die Informationssicherheit setzen und eine 100-prozentige Erreichung dieser Ziele anstreben kann. Compliance-Nachweis gemäß IDW PS 951, CMMI Reife 5,0 oder ISO 27001-Zertifizierung des Sicherheitsmanagementsystems sind Beispiele für solche Ziele.

Compliance wird definiert als ein Zustand, in dem regulatorische Anforderungen, Gesetze und Vorschriften sowie vertragliche Verpflichtungen eingehalten werden (ISACA 2010). Der Weg zur IT-Compliance (auch: Compliance in der IT) ist hingegen ein Prozess. Prof. Klotz schlägt zwei Begriffsdefinitionen für die IT-Compliance vor und unterscheidet hier zwischen der sog. „weiten" und „engen" Fassung des Begriffes. Eine weite Fassung: „IT-Compliance bezeichnet einen Zustand, in dem alle für die IT des Unternehmens relevanten bzw. als relevant akzeptierten internen und externen Regelwerke nachweislich eingehalten werden" (Klotz 2008, 9). Im engeren Sinne (auch als „legal IT compliance" bezeichnet) bezeichnet IT-Compliance „einen Zustand, in dem alle für die IT des Unternehmens relevanten, allgemein geltenden rechtlichen, d. h. regulatorischen Vorgaben nachweislich eingehalten werden" (Klotz 2008, 8).

Unternehmen sehen sich heute mit zahlreichen – direkten und indirekten – Anforderungen an die Informationssicherheit konfrontiert. Um die Umsetzung und Einhaltung dieser Anforderungen gegenüber Dritten nachweislich zu belegen, ist ein effektives Monitoring und Reporting notwendig. Andererseits stellt Monitoring selbst eine der Compliance-Anforderungen dar, da er unter anderem vom Committee of Sponsoring Organizations of the Treadway Commission (COSO) als Teil des effektiven IKS gesehen und gefordert wird(vgl. COSO 2007).

Angemessene Metriken sind die Grundlage des Monitoring. In den Metriken wird festgelegt, was, wann und in welchem Umfang gemessen werden muss, um eine zuverlässige Auskunft über den Zustand der sogenannten *security compliance* (sowie ihr Verbesserungspotential) zu gewährleisten.

2.1 Metrik: Definition und Kategorisierung

Das National Institute of Standards and Technology (NIST) hat in der Special Publication (SP) 800-55 folgende, allgemein geltende Definition der Metrik vorgeschlagen:

„Metrics are tools designed to facilitate decision making and improve performance and accountability through collection, analysis, and reporting of relevant performance-related data. The purpose of measuring performance is to monitor the status of measured activities and facilitate improvement in those activities by applying corrective actions, based on observed measurements"(Maloney 2009, 1).

Generell werden die Metriken in drei Hauptgruppen unterteilt: die

- *strategischen Metriken,*
- *Management-Metriken* (taktische Metriken) und
- *operativen Metriken* (vgl. Brotby 2009).

In der Informationstechnologie sind die operativen bzw. technischen Metriken am stärksten verbreitet. Oft sind sie leicht zu erzeugen und liegen in Maß und Fülle vor. Allerdings sind sie wenig oder gar nicht geeignet, wenn es um Entscheidungsunterstützung hinsichtlich Strategie, Compliance oder Management des gesamten Sicherheitsprogramms im Unternehmen geht. „The majority of organisations ... attempt to operate security using primarily operational information, which makes as much sense as flying aircraft without knowing position or destination, attitude or altitude", stellte Brotby (2009, 28) fest.

Alle Metriken – unabhängig von der Art – sollen dem Zweck dienen, eine Basis für Entscheidungen zu liefern (auf strategischer, taktischer oder technischer Ebene).

In den folgenden Abschnitten werden zwei in der Informationstechnologie bekannte und verbreitete Metriken kurz vorgestellt: die Sicherheitsmetrik und die Softwaremetrik. Der Abgrenzung dieser Metriken von der Metrik als Instrument des Security und Compliance Monitoring (sog. *security compliance metrics*) sowie Definition der Letzteren ist das abschließende Kapitel gewidmet.

2.1.1 Sicherheitsmetriken

Für das interne Kontrollsystem spielen die Sicherheitsmaßnahmen eine besondere Rolle. So zählen unter anderem die Zugriffs- und Zugangskontrollen zu den fünf wesentlichen Kontrollen in der IT (sog. *IT general controls*, ITGC), welche bei jeder Abschlussprüfung berücksichtigt werden müssen (Singleton 2010). Es wundert also nicht, dass ausgerechnet „security of data, code and communication / data security and document retention / security threats" von dem American Institute of Certified Public Accountants (AICPA) in seinem „Top Technology Initiatives Survey" im Jahr 2010 zu den „top ten technology considerations" erhoben wurden, welche die Unternehmen heute vertreiben/nutzen (AICPA 2010).

Sicherheitsmetriken (*security metrics*) bilden eine beachtliche Untermenge aller IT-bezogener Metriken. Die Sicherheitsmetriken beziehen sich konkret auf Informationssysteme (Applikationen und Infrastruktur) sowie IT-Projekte und andere, sicherheitsrelevante Prozesse. Laut Chapin und Akridge (2005), wird eine Sicherheitsmetrik als Messung der Effektivität und Effizienz von Sicherheitsbestrebungen, -bemühungen und -leistungen in einer Organisation im Zeitablauf definiert.

Sicherheitsmetriken können – abhängig von dem Zweck und der Zielgruppe, für welche sie bestimmt wurden – unterschiedliche Detaillierungsgrade aufweisen. Sie können sowohl in detaillierten Auswertungen der Logfiles resultieren, welche für Mitarbeiter mit technischer Expertise bestimmt sind, als auch eine Übersicht erfolgter (erfolgreicher und nicht-erfolgreicher) Angriffsversuche auf die internen Systeme (nach Angriffsart) beinhalten, welche für das Risikomanagement bzw. die Unternehmensleitung relevant sind (z.B. Incident Reports)[3].

Exkurs zum Thema Sicherheitsmetriken

Wie Mark Torgerson in seinem kurzen Vortrag zum Thema „Security Metrics" bewiesen hat, „no metrics exists that can tell you how secure your system is in an absolute sense" (Torgerson 2007).

In seinem Beweis berücksichtigte er einen Angreifer *V*, welcher sowohl das notwendige Wissen als auch die Ressourcen für die Durchführung eines Angriffs besitzt. Als externer Beobachter des Systems *S* (die Gesamtmenge aller Systemschwächen wird als *W* bezeichnet), sieht oder vermutet er eine Menge an Schwächen *WK(V)*; es existiert auch eine Menge von Schwächen im System, *WUK(V)*, welche dem Angreifer unbekannt ist.

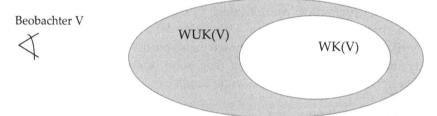

Andererseits wird das System *S* durch eine Reihe von Sicherheitsmaßnahmen *P* geschützt, welche einen bestimmten Anteil an Schwächen, *MW(P)*, abdecken. Es gibt auch einen Teil an Schwächen, die nicht durch ein Sicherheitssystem abgedeckt sind: *UMW(P)*.

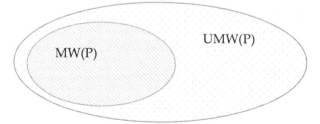

Dem Angreifer sind also nur diese Schwächen, *E*, ausgesetzt, die er vermutet und welche zugleich durch das Sicherheitssystem *P* nicht abgedeckt sind, das heißt wir reden hier über die Schnittmenge von beiden:

E(P, V)= UMW(P) ∩ WK(V).

Ein System *S* ist dann sicher gegen den Angreifer *V*, wenn *E(P, V)=∅*.

---

3   Beispiele für Sicherheitsmetriken finden sich in der Metrik-Sammlung.

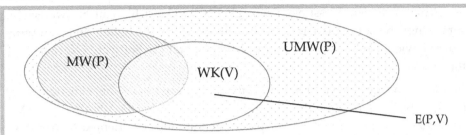

Nun, für den Angreifer *V* gilt, dass *WK(V)* eine Untermenge aller Schwächen *W* ist. Weiterhin sind dem Systembetreiber *WK(V)* für alle potentiellen Angreifer unbekannt. Ebenfalls ist die Menge aller unbekannten Schwächen nicht messbar.

Mit Hilfe dieser drei Axiome gelangt Torgerson zu der Auffassung, dass:

Theorie 1: Es existiert keine Sicherheitsmetrik, die *WUK(V)* in einer nicht trivialen Weise abdeckt.

Theorie 2: *E* ist nicht messbar und deshalb kann keine nicht triviale Sicherheitsmetrik für *E* erstellt werden.

Dies bedeutet nicht, dass man kein System S erschaffen kann, in dem die Menge angreifbarer Schwächen *E* auf Null reduziert wird. Ganz im Gegenteil. Die Schwierigkeit besteht darin, dass der Systembetreiber nicht weiß, wann er diesen Zustand erreicht hat.

Der Beweis bewegt Torgerson zu der Aussage, dass keine Sicherheitsmetrik existiert, mit der eine absolute Aussage über die Sicherheit eines Systems getroffen werden kann. Deshalb schlug er vor, anstelle der Sicherheitsmetrik, den Begriff „security estimators" (Sicherheitsschätzer) zu verwenden.

Der Beweis von Torgerson zeigt auf anekdotische Weise, dass es kein „Non plus ultra" für eine Metrik gibt. Sie hilft lediglich, das Wesen des Problems besser zu verstehen und Probleme zu identifizieren, bevor diese auftreten. Nur, dass manche Metriken diese Aufgabe besser – und andere schlechter erfüllen können.

2.1.2 Softwaremetriken

Der Begriff Softwaremetriken geht auf die sechziger Jahre zurück. Mit Hilfe sogenannter Lines of Code (LOC)-Metriken wurde damals die Produktivität der Programmierer und die Qualität der Programme gemessen. Paul Goodman (1993) definierte die Softwaremetrik als „[t]he continuous application of measurement-based techniques to the software development process and its products to supply meaningful and timely management information, together with the use of those techniques to improve that process and its products".

Der Fokus von Softwaremetriken liegt bis heute auf Software-Engineering. Softwaremetrik wird als ein Oberbegriff für eine Reihe von Aktivitäten verwendet.

Diese reichen von den Messungen bezüglich Charakteristik von Softwarecodes (die ursprüngliche Softwaremetrik) bis hin zu Modellen, die helfen sollen zu prognostizieren, wie viele Ressourcen und welche Qualität die Software erfordert (vgl. Fenton 2000).

Die heute am weitesten verbreiteten Softwaremetriken sind die Function Point Analysis, entwickelt ursprünglich im Jahr 1978 von Allan J. Albrecht (vgl. Alexandre 2002), sowie verschiedene Ausprägungen der Object Oriented Metrics (vgl. Lorenz und Kidd 1994; Indri at al. 2000).

Softwaremetriken (als solche) sind nicht Gegenstand dieses Buches. Es kann trotzdem zweckmäßig sein, einzelne Metriken, die ursprünglich für die Softwareentwicklung entwickelt wurden, als Metriken für die Security und Compliance Monitoring zu verwenden (in der Metrik-Sammlung werden einige Beispiele hierfür aufgeführt).

Gleichwohl sind einige, insbesondere methodische, Aspekte der Softwaremetrik für andere hier betrachteten Metriken relevant, unter anderem die Qualität des Datenmaterials, die Art der Datenerhebung oder die Methoden zur Entwicklung einer Metrik (z.B. das Goal-Question-Paradigma). Diese und weitere Themen werden im Verlauf des Buches näher betrachtet.

2.2 Metriken für Security und Compliance

In den vorherigen Abschnitten wurde auf die Notwendigkeit des Monitoring und Reporting hingewiesen, die als Nachweis der Umsetzung und Einhaltung regulatorischer Anforderungen – intern und gegenüber Dritten – dienen. Der Erstellung eines objektiven Compliance-Nachweises bezüglich Einhaltung regulatorischer Vorgaben im Hinblick auf die Gewährleistung von Vertraulichkeit, Verfügbarkeit und Integrität (Sicherheit) in der Finanzdaten verarbeitenden Informationstechnologie und folglich der Ordnungsmäßigkeit der Buchführung insgesamt gemäß § 239 HGB, dient das Monitoring relevanter IT-Kontrollen mit Hilfe von Metriken (Jacob 2009).

Die formelle Anforderung, einen Nachweis über die Angemessenheit und Wirksamkeit der Kontrollen zu erstellen, ist jedoch nicht der einzige Zweck für den Einsatz von Metriken. Metriken sind zugleich ein wesentlicher Aspekt der Governance. Wie Krag Brotby (2009, 27) richtig feststellte: „security governance is not possible to any meaningful extent without metrics".

Exkurs zum Thema IT-Kontrollen

Als IT-Kontrollen werden alle manuellen oder automatisierten Aktivitäten in einem Unternehmen bezeichnet, die sicherstellen können, dass die Unternehmensziele erreicht werden. Dies bezieht sich insbesondere auf die rechnungslegungsrelevanten Geschäftsprozesse.

IT-Kontrollen sind eine wesentliche Untermenge aller internen Kontrollen. Insbesondere mit der steigenden Durchdringung der Prozesse zur Finanzberichterstattung durch die Informationstechnologie, werden immer mehr manuelle Kontrollen durch automatisierte, systemimmanente Kontrollen ersetzt. Generell werden die IT-Kontrollen in zwei Gruppen unterteilt: in die sog. IT general controls, kurz: ITGC (unter anderem Kontrollen über den IT-Betrieb, Zugriffskontrollen, Programmentwicklungskontrollen etc.) und IT application controls (Applikationskontrollen bzw. Transaktionskontrollen).

Seit aufgrund der Unternehmensskandale immer mehr staatliche Auflagen veröffentlicht werden, um die Risiken in der Finanzberichterstattung zu beherrschen, erhöht sich die Aufmerksamkeit, die den IT-Kontrollen gewidmet wird. So veränderte SOX die Art und Weise, wie Finanzinformationen von Unternehmen verwaltet werden. Heute reicht es nicht mehr, die IT-Kontrollen zu konzipieren, zu implementieren und zu dokumentieren, um den regulatorischen Anforderungen zu genügen – also um „compliant" zu sein. Rahmenwerke des Committee of Sponsoring Organizations of the Treadway Commission (COSO) stellen klare Anforderungen an Effektivität und Effizienz der Kontrollen. Die Wirksamkeit der Kontrollen – wie auch des gesamten IKS – muss von Unternehmen glaubhaft, objektiv und zuverlässig durch das laufende Monitoring sowie in den Jahresabschlussprüfungen nachgewiesen werden.

Ob in den Transaktionen, beim Betrieb von Netzwerken, Systemen und Applikationen oder bei der Entwicklung neuer IT-Systeme: Kontrollen, welche darauf abzielen, die Verfügbarkeit, Vertraulichkeit und Integrität (kurz: Sicherheit) von Daten und Operationen zu gewährleisten, sind omnipräsent und gewinnen immer stärker an Bedeutung. Skandale, die durch den unrechtmäßigen Umgang mit den personenbezogenen Daten oder durch den Verlust von vertraulichen Informationen und Geheimnissen die Unternehmen, Politik und Öffentlichkeit erschüttert haben, tragen aktiv zur steigenden Verbreitung dieser Kontrollen bei.

2.2.1 Metriken und IT-Governance

Spätestens seit der Veröffentlichung des ISO/IEC-Standards 38500 ist allgemein bekannt, dass Compliance bzw. Conformance ein wichtiger Bestandteil der IT-Governance ist und dieser neben Verantwortung (*responsibility*), Strategie (*strategy*), Performance, Beschaffung (*acquisition*), und menschlichem Verhalten (*human behaviour*) zu den sechs Prinzipien der IT-Governance gehört (vgl. das „Model for Corporate Governance of IT" in der Abbildung 1).

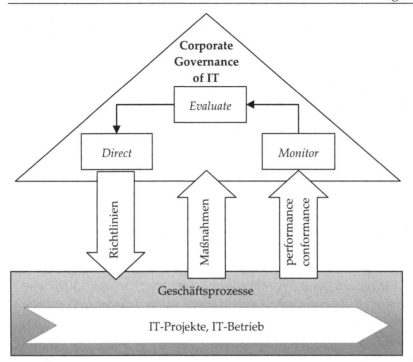

Abbildung 1:   Model for Corporate Governance of IT gemäß ISO/IEC 38500.

Governance orientiert sich an klar definierten Zielen. Metriken sind notwendig, um feststellen zu können, ob Sicherheit (Maßnahmen, Aktivitäten, Prozesse, Management etc.) sich in die vorbestimmte Richtung – das heißt gemäß gesetzter Geschäftsziele – entwickelt, in welchem Status und wie weit von dem definierten Zielzustand (auch als Soll-Zustand bezeichnet) sie sich befindet. Governance stellt Ziele zur Verfügung, welche wiederum als Referenzpunkte oder Zielwerte für die Metriken dienen.

So ist es nicht weiter überraschend, dass ISO/IEC 38500 drei Aufgaben definiert, mit denen die Geschäftsleitung die IT steuern soll:

1. Aktuelle und künftige Nutzung der IT bewerten (*evaluate*).
2. Die Vorbereitung und Implementierung von Plänen und Richtlinien (*policies*) lenken, welche gewährleisten sollen, dass die IT die Erreichung von Geschäftszielen ermöglicht (*direct*).
3. Die Konformität mit den Richtlinien sowie die Performance gegenüber den Vorgaben überwachen (*monitor*).

Monitoring gemäß ISO/IEC 38500 bedeutet, dass die Geschäftsleitung durch Einsatz geeigneter Methoden und Systeme die Einhaltung von externen (regulatorischen, gesetzlichen, gewohnheitsrechtlichen oder vertraglichen) Anforderungen und internen Vorgaben überwacht, um die Konformität mit diesen Vorgaben bzw. die Compliance zu gewährleisten. Informationssicherheit kann nur dann gewährleistet werden, wenn eine regelmäßige Überwachung der durchgeführten Maßnahmen, Aktivitäten und relevanten Prozesse – hier als *security compliance metrics* bezeichnet – stattfindet.

2.2.2 Security Compliance Metriken – Definition

Metriken sind eine noch wenig verbreitete, inzwischen jedoch als effektiv und zuverlässig geschätzte Methode, welche beim Monitoring von Security Compliance eingesetzt werden kann. Metriken als Instrument von Security und Compliance Monitoring, die sogenannte *security compliance metrics*, können in zwei Gruppen gegliedert werden: in *management compliance metrics* sowie *operational compliance metrics*. Beiden Gruppen liegt die gleiche Grundgesamtheit der Kontrollen bzw. Sicherheitsmaßnahmen und Aktivitäten zu Grunde, die überwacht werden sollen.

1) **Management security compliance metrics**: Metriken, mit denen die Einhaltung aktueller, allgemein geltender, für die IT des Unternehmens relevanter rechtlicher, das heißt regulatorischer Vorgaben (IT-Compliance im engeren Sinne), bzw. aller für die IT des Unternehmens relevanten, als relevant akzeptierten internen und externen Regelwerke (IT-Compliance im weiteren Sinne), gemessen und bewertet wird. Im Fokus steht dabei die Beurteilung von Angemessenheit der Informationssicherheit hinsichtlich externer und interner Vorgaben[4].

   Diese Metriken liefern den IT-Verantwortlichen (unter anderem dem Chief Information Security Officer, IT-Compliance Officer, CIO etc.) taktische Informationen darüber, wie gut und positiv sich das Sicherheitsmanagement auf die Unternehmensziele auswirkt, und stellen eine wichtige Entscheidungshilfe dar. Beispiele für solche Metriken sind unter anderem Metriken für Risikomanagement, Metriken über Effektivität und Zuverlässigkeit der IT-Kontrollen, Metriken über den Grad der Integration des Sicherheitsmanagements in die Unternehmensprozesse, etc. (vgl. Tabelle 1).

2) **Operational security compliance metrics**: Metriken, mit denen die Effektivität bzw. Wirksamkeit der IT-Kontrollen (hier insbesondere der technischen und organisatorischen Maßnahmen zur Gewährleistung von Vertraulichkeit, Verfügbarkeit und Integrität) gemessen und bewertet wird. In der IT sind die operativen bzw. technischen Metriken am stärksten verbreitet. Meist sind sie einfach zu erzeugen; das Datenmaterial liegt oft in Maß und Fülle vor. Allerdings sind sie wenig geeignet, wenn es um Entscheidungsunterstützung auf strategischer oder taktischer Ebene geht. Erst wenn sie der Beantwortung konkreter Fragestellungen dienen, die an den Unternehmenszielen ausgerichtet sind, schaffen sie einen Mehrwert für das Unternehmen[5]. Dies erreicht man unter anderem durch eine geeignete Aggregation operativer Metriken. Eine Unter-

---

4   Die *management security compliance metrics* zielt auf diese Aspekte der IT-Kontrollen ab, die im späteren Verlauf des Kapitels auch als „design effectiveness" bezeichnet werden.

5   Eine umfangreiche Übersicht an Beispielen für Metriken befindet sich im Kapitel 10.

menge operativer Metriken bilden Metriken zu den IT-Sicherheitsvorfällen[6] bzw. Metriken über das Management der IT-Sicherheitsvorfälle (*incident management metrics*), die in Abschnitt 2.2.3 detailliert beschrieben werden.

In der Zusammenfassung ist der Grund für den Einsatz von *security compliance metrics*, die Entscheidungsfindung im Hinblick auf die Auswahl, Priorisierung und Implementierung relevanter Kontrollen mit dem Ziel zu unterstützen, die Wirksamkeit und Effektivität dieser Kontrollen zu erhöhen und somit die Einhaltung relevanter externer und interner Vorgaben zu gewährleisten (Compliance).

Die Grundlage für die Ableitung der konkreten Fragestellungen für die Security Compliance-Metriken bilden die in Bezug auf die jeweilige IT-Kontrolle geltenden Gesetze, gesetzesähnliche Normen und Standards (vgl. Kapitel 4). Vertragliche und freiwillige Verpflichtungen, Branchenstandards, unternehmenseigene Auflagen, etc. bilden eine weitere Grundlagengruppe.

Gemäß COSO soll das Monitoring – und hier insbesondere die Metrik – effektiv und effizient sein. Um diesem Anspruch zu genügen, müssen im Vorfeld des Einsatzes der *security compliance metrics* folgende Fragen beantwortet werden (vgl. Torgerson 2007):

- Was macht eine gute Metrik bzw. eine effektive Metrik aus?
- Welche Methoden und Prozesse ermöglichen die/eine angemessene Einschätzung von Sicherheit und Compliance?
- Welche Informationen werden benötigt, um die Entscheidungsprozesse (auf verschiedenen Unternehmensebenen) optimal zu unterstützen?

Die folgenden Kapitel werden der Beantwortung genau dieser Fragen gewidmet, indem ein erfolgreicher Weg zu effektiven und effizienten Metriken aufgezeigt wird. Dem an den stochastisch-mathematischen Methoden nicht sehr interessierten Leser mag der Weg anfänglich etwas mühselig erscheinen. Die große Herausforderung liegt nun in der Umsetzung der auf einem hohen Abstraktionsgrad definierten Anforderungen und Methoden in praktikable, leicht verständliche und direkt einsetzbare Verfahren. Den Weg dorthin gehen wir in den nächsten Kapiteln gemeinsam mit dem Leser.

---

6 Die Begriffe „Incident", „IT-Sicherheitsvorfall" und „IT-Sicherheitsstörung" werden im Buch abwechselnd verwendet.

Tabelle 1: Beispiele für Management Security Compliance Metrics

Metriken für Compliance	Klassifizierung	Beispiele und Beschreibung
Metriken für Risikomanagement	Metriken zur Einhaltung und Güte der Risikotoleranz	Risikotoleranz (z.B. die RTOs – *recovery time objectives*) sollte regelmäßig auf ihre Angemessenheit überprüft und die Toleranzwerte ggf. angepasst werden.
	Metriken zur Messung der Effizienz von Kontrollen	Kontrollen werden zum Schutz bestimmter Assets des Unternehmens eingesetzt. Damit die Kosten für die Kontrollen nicht den Wert des Assets übersteigen, sollten die Assets immer wieder mit den Kosten verglichen und ggf. das Kontrollsystem entsprechend angepasst werden.
	Metriken zur Bewertung des Risikoumfeldes	Das Risikoumfeld (rechtliche, technische, geopolitische etc. Rahmenbedingungen) verändert sich. Neue Risiken entstehen, während andere Risiken an Relevanz für das Unternehmen verlieren. Die Veränderungen im Risikoumfeld, die für die Informationssicherheit relevant sein können, sollten rechtzeitig berücksichtigt werden.
	Metriken zur Beurteilung des Business Impact	Die Ergebnisse der Business Impact Analyse sind Grundlage für die Definition wesentlicher IT-Risiken und entsprechender Kontrollen. Veränderungen in der Risikobewertung sollten bei der Definition konkreter Sicherheitsmaßnahmen und -Aktivitäten entsprechend berücksichtigt werden.
Metriken der Effektivität und Zuverlässigkeit der IT-Kontrollen	Dort, wo die Kontrollen nicht effektiv sind, können entweder neue Kontrollen definiert oder die Art der Kontrollen (z.B. Ersetzen manueller Kontrollen durch automatisierte) geändert werden.	

Metriken für Compliance	Klassifizierung	Beispiele und Beschreibung
Metriken über den Grad der Integration von Sicherheitsmanagement in die Unternehmensprozesse		Fragestellungen (Auswahl): Wurden angemessene Formen für Kommunikation, Austausch und Kooperation zwischen den relevanten Stellen / Funktionen im Unternehmen etabliert (z.B. regelmäßige Meetings, E-Mail Aufkommen, Anzahl von Tickets, etc.)? Wurden die Rollen und Funktionen in relevanten Bereichen definiert und werden diese fortlaufend (bzw. in angemessenen Zeitabständen) aktualisiert? Wurden Schnittstellen für das Reporting gebildet und werden die Vorgaben zum einheitlichen Reporting eingehalten? Wurden Rollen und Verantwortlichkeiten bei den Empfängern des Reporting definiert und werden diese Rollen angemessen wahrgenommen?
Metriken zur Bewertung der Effektivität des Monitoring-Prozesses und der operativen Metriken		Ziel der Metriken ist es, die Effektivität des Monitoring und der Metriken im Hinblick auf die Erfüllung der Unternehmensziele bezüglich der Compliance mit dem gesetzlichen Vorgaben, Standards, internen Vorschriften, Richtlinien etc. zu bewerten. Fragestellungen (Auswahl): Wurden angemessene Metriken bzw. Messungen für die taktischen und operativen Sicherheitsmaßnahmen und Aktivitäten definiert? Wurden alle wesentlichen / kritischen Kontrollen hinreichend berücksichtigt? Wurden für die wesentlichen Kontrollen entsprechende Metriken definiert? Wurden die Kontrollschwächen eindeutig und rechtzeitig (das heißt vor dem Schadenseintritt) aufgedeckt (im letzten Monat, Quartal, letzte Woche)? Wird der Monitoring-Prozess überwacht (z.B. Anzahl von Tests im letzten Monat, Quartal etc.)?

2.2.3 Operative Metriken

Die Gewährleistung sogenannter operativer Compliance (*procedural compliance*) gehört üblicherweise zu den Aufgaben der Sicherheitsmanager (Brotby 2009). Damit ist die Einhaltung der Vorgaben aus den Richtlinien (*policies*) weiterer interner Vorgaben sowie der Sicherheitsstandards gemeint. Diese Vorgaben sollen in den Verfahren, Prozessen und Systemen ausnahmslos Berücksichtigung finden; ob und inwieweit diese tatsächlich berücksichtigt werden, ist der Gegenstand entsprechender Überwachungsmaßnahmen (*monitoring*).

In diesem Zusammenhang finden Metriken zur Bestimmung des Compliance-Niveaus, professioneller Performance sowie Awareness-Niveaus ihren Einsatz. Ergänzend werden Tests empfohlen, um die Funktionalität, Effizienz und Angemessenheit der Verfahren und Prozeduren zu bewerten.

Operative Metriken sind auf die Bewertung folgender Aspekte der Verfahren ausgerichtet:

1. Grad der Einhaltung von Vorgaben und Standards bzw. der Übereinstimmung der Verfahren mit diesen,
2. Kompetenz des Personals (fachliche und soziale Kompetenzen, Expertise, Erfahrung, Objektivität etc.),
3. Adäquanz der Ressourcen und
4. Zuverlässigkeit und Genauigkeit der Metriken als solche.

Dabei sind die Messungen so vorzunehmen, dass Ergebnisse für Prozesse und Assets anhand ihrer Kritikalität und Wesentlichkeit (bei Daten anhand der Informationssensitivität) getrennt ausgewiesen werden. Zusätzlich ist die jeweils aktuelle Risikosituation zu berücksichtigen, das heißt besonders kritische bzw. risikobehaftete Aktivitäten und Prozesse sollen gesondert ausgewiesen werden. Brotby (2009, 149) empfiehlt, bei den kritischen Verfahren nicht weniger als eine hundertprozentige Übereinstimmung mit den Vorgaben (Compliance) zu fordern: „consequently, metrics does not need to be scalar, just binary; either the procedures are consistently followed or they are not".

Wurden mit Hilfe von Metriken Kontrollschwächen festgestellt, so können diese – neben (den) unzureichenden(r) Umsetzung(en) der Vorgaben – ihre Ursache ebenfalls in den unzureichenden Kompetenzen und Expertise des Personals sowie mangelndem Bewusstsein der Mitarbeiter (Awareness) haben. Die Letzteren können beispielsweise in periodisch durchgeführten Umfragen oder Wettbewerben (Quiz) bewertet werden. Es ist von Vorteil, diese Elemente der Sicherheit direkt im Rahmen des Monitoring zu berücksichtigen und mit entsprechenden Metriken zu versehen[7].

---

7 Vorschläge zur Bewertung der Awarness wurden im Kapitel 10 beispielhaft aufgeführt.

Exkurs zum Thema „Extrem privilegierte IT-Spezialisten" (EPIS)

Der Mensch bestreitet in der Informationstechnologie eine Doppelrolle: Er ist elementarer Erfolgsfaktor – und das schwächste Glied der Sicherheitskette zugleich. Dies gilt auch – oder gerade insbesondere – für die Gruppe der sog. "Extremly Privileged IT Staff " (kurz: EPIS).

Die Klasse der extrem privilegierten IT-Spezialisten besteht aus externen und internen IT-Mitarbeitern einer Organisation (eines Unternehmens, Institution etc.) mit höchsten Autorisierungen und IT-bezogenen Privilegien, die ihnen nachweislich eine potenziell extrem hohe "Machtumsetzungsgeschwindigkeit" verleihen, wenn es um Einrichten von Schäden (beabsichtigt oder zufällig) geht.

Mit der "Machtumsetzungsgeschwindigkeit" (Schaden pro Zeit), wird der potentielle Schaden, welcher von den EPIS-Mitarbeitern ausgeht, gemessen. Bei diesem Indikator ist weniger das traditionelle Schadensausmaß von Bedeutung. Vielmehr ist das die "Mühelosigkeit" und kurze Realisierungsdauer, welche für die Risikobetrachtung wesentlich sind. Denn tatsächlich kritisch ist bei dieser Klasse der Mitarbeiter nicht die geschätzte Schadensart und -höhe, sondern vielmehr wie schnell, mühe- und kooperationslos ein IT-Mitarbeiter diese herbeiführen kann.

Die Risiken, welche von EPIS ausgehen, manifestieren sich in der Geschwindigkeit, in welcher der Schaden zum Ausdruck kommt, d.h. wie schnell Irrtümer, spontane Willkür, Zufall oder vorsätzliches Handeln zum Schaden führen können. Dies ist u.a. dort besonders gefährlich, wo es sich um die sog. kritischen Infrastrukturen (KRITIS) handelt. Neben den Geschäftsrisiken eines Unternehmens kommen hier nämlich weitere potenzielle Schäden hinzu, welche Staat und Wirtschaft beeinträchtigen können.

Diese höchst-autorisierten und somit extrem privilegierten IT-Mitarbeiter rücken deshalb immer stärker in den Fokus der unternehmensinternen Überwachungsaktivitäten. Neben einem verstärkten Monitoring steht auch zur Diskussion, inwieweit eine Zertifizierung der EPIS-Mitarbeiter – ähnlich der Zuverlässigkeitsüberprüfung im Luftverkehr gemäß Luftsicherungsgesetz (LuftSiG) – sinnvoll und notwendig ist (vgl. Fedtke 2010).

Metrikergebisse für operative IT-Kontrollen werden oft aus den Logfiles gewonnen. Das Problem dabei ist der Umfang der Dateien, der die Auswertung erschwert. Empfehlenswert ist daher der Einsatz von Korrelationstools oder sog. SIM (*security information management*), SEM (*security event management*), bzw. SIEM (*security information and event management*)-Systeme, die eine automatische Auswertung der Logfiles anhand vordefinierter Konfigurationen ermöglichen. Diese können die Metriken unmittelbar adressieren und die gewünschten Auswertungen bereitstellen.

Operative Metriken gelten dann als effektiv, wenn sie auf die potentiellen Kontrollschwächen hinweisen, bevor der Schaden eintritt. Dabei werden in den Unternehmen typischerweise Audits zur Bewertung der operativen Compliance eingesetzt. Eine effektive operative Metrik ist laut Aussage von Brotby eine *just-in-time* (oft bedeutet dies: *real-time*) Bewertung der Sicherheitssituation, die die Bereinigung etwaiger Kontrollschwächen ermöglicht.

In den Reports soll dabei sowohl ex post als auch ex ante über die Kontrollschwächen berichtet werden. Die rechtzeitig aufgedeckten Schwachstellen sollen an das Personal weitergegeben werden, das für die Bereinigung dieser verantwortlich ist. Über die aufgedeckten (und bereinigten) Kontrollschwächen soll ggf. die Geschäftsleitung informiert werden – abhängig von dem Risikoniveau der Kontrolle und der betroffenen Assets. Im Fall eines Notfalls, einer Krise etc. sind sowohl das Personal als auch das zuständige Management (z.B. der Krisenstab) rechtzeitig zu informieren.

Operative Metriken setzen voraus, dass die externen Vorgaben, Standards und regulatorischen Normen in den internen Vorgaben und Richtlinien bereits ordnungsgemäß berücksichtigt wurden. Dies ist allerdings nicht immer der Fall. Neben der unzureichenden Expertise oder dem mangelhaften Bewusstsein der Mitarbeiter können schlecht definierte Verfahren (z.B. in Folge fehlerhafter oder unzureichender Berücksichtigung der Normen in den Policies) ebenfalls eine Ursache für die Kontrollschwächen darstellen.

Exkurs zum Thema SEM, SIM und SIEM

Das Akronym SIEM steht für §ecurity Information and Event Management. Seine Einführung wird zwei Analysten aus der Gartner-Gruppe zugeschrieben, Amrit Williams und Mark Nicolett (vgl. ISACA 2010a). SIEM verbindet zwei verschiedene, komplementäre Systeme: das Security Information Management, SIM, und Security Event Management, SEM.

Bei SEM handelte es sich um eine Technologie, die eine Überwachung, Analyse und Korrelation der Sicherheitsvorfälle (*security events*) in Echtzeit ermöglichte. Die Sicherheitsvorfälle wurden oft aus den Warnungen der Firewalls oder IDS gewonnen, die durch Abgleich mit vorkonfigurierten Regeln potenziell schädliche Aktivitäten aufgedeckt und gemeldet haben.

Die SIM-Technologie dagegen ermöglichte eine Auswertung historischer Daten (u.a. *system logs*) zur Unterstützung forensischer Untersuchungen. SIM nutzt oft die gleiche Datenbasis wie SEM, mit dem Unterschied, dass die Analysen ex post durchgeführt werden.

SIAM verbindet SIM und SEM zu einem System in Reaktion auf eine/die steigende Menge von Daten, die im Rahmen des Security-Monitoring ausgewertet werden müssen. Das System ermöglicht damit eine Antwort auf zwei wesentliche Fragen des Monitoring:

1. Welche Warnsignale (*alerts*) erfordern besondere Aufmerksamkeit?

2. Wie unterscheidet man wichtige Informationen von den unwichtigen?

Die Einsatzmöglichkeiten des SIEM liegen in den folgenden Bereichen:

– Datensammlung,
– Aggregation von Daten,
– Normierung des Datenmaterials,
– Korrelation der Ereignisse und Auswertung,
– Warnungen (*alerting*),
– Reporting,
– Forensik (insbesondere Computerforensik),
– Dashboard bzw. Managementkonsole.

SIEM bringt eine Reihe von Vorteilen mit sich, unter anderem ermöglicht es sowohl eine rechtzeitige Aufdeckung von Sicherheitsvorfällen, stellt Daten für spätere Nachforschungen sowie Forensik zur Verfügung und ermöglicht eine Auswertung dieser (Korrelationsanalyse). Gleichzeitig wird das Reporting vereinheitlicht und das Sicherheitsmanagement stärker zentralisiert. Dies bringt Kostenvorteile (im Sinne der Betriebs- und Investitionskosten).

Andererseits bringt die Zentralisierung im Rahmen von SIEM auch Risiken mit sich, unter anderem operationelle Risiken fehlerhafter Implementierung, Konfiguration, Ressourcenallokation, unzureichender Prozesse etc. (sogenannte inhärente Risiken beim Einsatz neuer Technologien) bzw. Risiken, welche sich aus der Zentralisierung sicherheitskritischer Information in einem System ergeben. Diese Risiken können – und sollen – durch den Einsatz effektiver Program Development Controls (Kontrollen über die Programmentwicklung, strikte Zugriffskontrollen) bewältigt bzw. minimiert werden

2.2.4   Incident Management Metrics

Oft werden aus der Menge aller operativen Metriken die *incident management metrics* – Metriken für Management der Sicherheitsvorfälle[8] – im Hinblick auf ihre besondere Bedeutung für das Risiko- und Notfallmanagement im Unternehmen sowie ihren beachtlichen Umfang hervorgehoben. Informationssicherheit kann nur gewährleistet werden, wenn ein systematisches Erkennen von IT-Sicherheitsvorfällen und deren Bewertung sowie Behandlung implementiert ist. Incident Management stellt somit die – chronologisch – letzte Möglichkeit im Prozess des Risikomanagements dar, Ausfälle, Krisen und Katastrophen zu verhindern (Brotby 2009).

---

8   Als Sicherheitsvorfälle werden beispielsweise Denial-of-Service-Attacken, Ausspähung durch Dritte oder unberechtigte Zugriffe auf Daten und Informationen betrachtet (zur Abgrenzung: die sog. „positiven Vorfälle" – z.B. Anzahl vergebener Permits pro Tag – zählen hier nicht zu den Sicherheitsvorfällen).

Metriken für *incident management* müssen immer der aktuellen Risikosituation bzw. dem Gefahrenstatus entsprechen und sollen deshalb laufend überprüft und aktualisiert werden. Die Metriken umfassen die Bereiche *event detection* (Aufdeckung der IT-Sicherheitsvorfälle) sowie Aufdeckung der Anomalien/Prüfung der Korrelationen. Zur Aufdeckung unerlaubter Zugriffe auf die Systeme werden die sogenannten *network intrusion detection systems* (NIDS) sowie *host intrusion detection systems* (HIDS) eingesetzt. Für die internen und externen Zugriffe werden oft Auswertungstools für die Logfiles verwendet, die die missglückten Zugriffsversuche, den Missbrauch bestehender Zugriffsberechtigungen oder bereits erfolgte, unerlaubte Zugriffe aufdecken, melden und ggf. verhindern. Eine zusätzliche Unterstützung auf Aufdeckung von Anomalien und Abweichungen von den vordefinierten Abläufen, Werten etc. bieten ausgerichtete Systeme (*anomaly-based IDS*).

Wesentlich für das effektive Management von IT-Sicherheitsvorfällen ist die Definition relevanter Begriffe sowie die Anweisung und Ausbildung der Mitarbeiter, die die Vorfallsmeldungen entgegennehmen und bearbeiten. Der definitorische Rahmen umfasst unter anderem folgende Aspekte:

- Definition eines Vorfalls, Ausfalls, Notfalls, Krise etc. sowie Definition eines IT-Sicherheitsvorfalls (z.B. Unterscheidung zwischen beabsichtigten und zufälligen Aktionen etc.).
- Arten der Sicherheitsvorfälle (inklusive potentieller Auswirkungen).
- Definition der Fehlergrenzstufe (*severity level*).
- Definition der Reihenfolge, in welcher die IT-Sicherheitsvorfälle bearbeitet werden sollen (Priorisierung).
- Definition der effektivsten Reaktionshandlungen (z.B. in den Notfallhandbüchern etc.).
- Definition der Aktivitäten, die dem Vorfall unmittelbar folgen (Ablauf- und Aufbauorganisation).
- Definition der Rollen und Verantwortlichkeiten.
- Definition des Kommunikationskonzeptes.
- Definition der Vorgehensweisen, wenn sich aus einem Sicherheitsvorfall ein Notfall oder eine Krise entwickelt.

Die Informationen, die im Rahmen von Incident Reports an das Management gerichtet werden, unterscheiden sich im Hinblick auf den Informationsgehalt, den Detaillierungsgehalt und die Art der Informationen von diesen Informationen, die an die operativen Organisationseinheiten, z.B. an das Emergency Reponce Team, weitergegeben werden, die die IT-Sicherheitsvorfälle direkt bearbeiten[9].

Diesem besonderen Fall des Monitoring ist der technische Bericht der ISO/IEC TR 18044 gewidmet. Dieser gibt Hinweise und Anleitungen zur systematischen Er-

---

9 Beispiele für verschiedene Reporting-Arten werden im Kapitel 7 detailliert erläutert.

kennung, Evaluierung, Behandlung, Dokumentation, Reporting und Bewertung von Sicherheitsvorfällen im Unternehmen.

2.2.5 Verwandte und ergänzende Metriken

Die sogenannten *resiliance metrics* dienen der Messung und Bewertung von Belastbarkeit und Ausdauer der Sicherheit, der Sicherheitsmaßnahmen und -Aktivitäten (vgl. Herrmann 2007, 12). Im Gegensatz dazu bezieht sich die *operational compliance metrics* auf die Bewertung der Wirksamkeit von Kontrollen zur Gewährleistung von Verfügbarkeit, Vertraulichkeit und Integrität bevor, während und nachdem ein IT-System, -Produkt oder Applikation eingesetzt wird (COSO 1992).

Die *compliance metrics* und *resiliance metrics* werden oft durch die sogenannten *return on investment (ROI) metrics* ergänzt, die der Messung und Bewertung des ROI für die Sicherheitsmaßnahmen und -Aktivitäten dienen und eine wichtige Inputgröße bei den IT-Investitionsentscheidungen bilden (Herrmann 2007). *Compliance metrics* sind Metriken, die sich ausschließlich auf die Performance der Kontrollen in der IT, hier insbesondere der Informationssicherheit, im Hinblick auf die Erfüllung interner und externer Vorgaben beziehen. Wirtschaftliche Performance, Effizienz der IT-Investitionen oder Optimierung der Sicherheitsressourcen und -kosten, werden von diesen Metriken nicht adressiert. Gleichwohl können beispielsweise operative Metriken Auskünfte zur Management-Effektivität liefern, das heißt eine erhöhte Produktivität in den Verfahren und Prozessen oder Optimierungsbedarf im Hinblick auf den Ressourceneinsatz signalisieren. Fehlende Compliance mit den Vorgaben kann sowohl unwirksame Kontrollen, fehlerhafte Prozeduren als auch suboptimalen Ressourceneinsatz zur Ursache haben (Brotby 2009).

3 Monitoring, Metriken und IT-Kontrollen

Kontrollen in der IT brauchen – wie alle internen Kontrollen – Monitoring, um effektiv zu sein. Trotzdem wurde das Monitoring lange "underutilized by organisations of all sizes", wie das Committee of Sponsoring Organisations of the Treadway Commission feststellte (COSO 2007). Aus diesem Grund erstellte COSO einen Leitfaden "Guidance on Monitoring Internal Control Systems", der Hinweise beinhaltet, wie Monitoring geplant, implementiert und wirksam eingesetzt werden kann. Der Leitfaden empfiehlt unter anderem das dezentrale Monitoring zu vereinheitlichen, zu standardisieren und zu systematisieren, mit dem Ziel, das Monitoring effizienter zu gestalten.

Als Voraussetzungen für effektives Monitoring nennt das COSO:

- Eine effektive **Kontrollumgebung** (*control environment*) , welche umfasst:
  - o Sogenannte "tone at the top" – oder die Stimme des Managements – die die Wichtigkeit des Monitoring erkennt, und
  - o Eine effektive Organisationsstruktur, die Menschen mit den entsprechenden Fähigkeiten, Kompetenzen und der angemessenen Autorität auf den geeigneten (für das Monitoring relevanten) Positionen platziert.
- **Monitoring-Prozesse**, priorisiert gemäß Wesentlichkeit/Kritikalität der Kontrollen,
- Geeignete **Priorisierung** der Aktivitäten und Maßnahamen, Kommunikation und Follow-Up im Hinblick auf die Implementierung von Verbesserungen (*corrective actions*).

Ein wichtiges Merkmal von effektivem Monitoring ist, dass die Identifizierung und Verbesserung der Kontrollschwächen erfolgen kann, bevor diese Schwächen die Zielerreichung des Unternehmens beeinträchtigen[10]: „There is no use in monitoring once the harm has been done and the financial or reputational loss is already a fact" (COSO 2007). Grundlage eines effektiven Monitoring sind daher zuverlässige Informationen. Diese sollen nach Auffassung von COSO angemessen (*suitable*) und ausreichend (*sufficient*) sein[11].

Metriken sind ein Instrument des Monitoring. Definitionsgemäß: "The purpose of measuring performance is to monitor the status of measured activities and facilitate improvement in those activities by applying corrective actions, based on observed measurements" (Maloney 2009, 1). Die Metriken sind eine Ausprägung des

---

10 Dies ist auch einer der Hauptunterschiede zwischen einer Metrik und einem KPI.
11 Welche Merkmale das Datenmaterial für die Metriken auszeichnen sollte, wird detailliert im Kapitel 5 dargestellt.

Monitoring, die die Erfassung und Bewertung des Status Quo der Kontrollen in der IT ermöglicht.

3.1 Auswahl wesentlicher Kontrollen in der IT

Generell sollte das Monitoring auf die sogenannten "key controls" (wesentliche Kontrollen) ausgerichtet sein. Als „key control" werden die Kontrollen definiert, die dabei helfen, eine angemessene Beurteilung und Bewertung der Wirksamkeit des internen Kontrollsystems (IKS) im Hinblick auf die Erreichung vordefinierter Ziele zu bewerkstelligen.

Wesentliche Kontrollen können methodisch im Rahmen einer Analyse der Ablauf- und Aufbauorganisation abgeleitet werden[12]. Alternativ stellen einige relevante Rahmenwerke Gesamtübersichten an potentiell als wesentlich in Frage kommenden Kontrollen zur Verfügung, welche systematisch an die internen Unternehmensbedürfnisse und Risikosituationen angepasst werden können.

Nachfolgend werden drei ausgewählte Rahmenwerke vorgestellt, die bei der Klassifizierung der IT-Kontrollen herangezogen werden können.

3.1.1 Ansätze zu Ableitung wesentlicher Kontrollen

Als Voraussetzung für die Identifizierung der wesentlichen Kontrollen (*key controls*) in der IT ist das interne Kontrollsystem in seiner Gesamtheit – und insbesondere die Art, in welcher das IKS den Risiken entgegenwirkt – zu verstehen. Zu den Erkenntnissen auf diesem Gebiet führen nach Ansicht des Verbandes ISACA (2010) zwei Wege:

1. Top-Down Ansatz: Die Identifizierung relevanter IT-Kontrollen beginnt auf einem hohen Abstraktionsniveau, das heißt dort, wo die Bereiche und Prozesse allgemein dargestellt werden. Zuerst werden diese Stellen in den Bereichen und Prozessen identifiziert, wo Risiken (aus einem vordefinierten Risiko-Set) bewältigt werden müssen. In weiteren Schritten werden diese Stellen immer detaillierter (von oben nach unten) analysiert, bis die konkreten IT-Kontrollen identifiziert werden.

   Im COSO-Leitfaden wurde ein entsprechender Prozess zur Identifizierung der Kontrollen beschrieben (COSO 2009). Im ersten Schritt werden die Risiken festgelegt und bewertet (und entsprechend priorisiert). Im zweiten Schritt werden die „key controls" identifiziert, die die hoch priorisierten Risiken adressieren. In den weiteren Schritten werden die Indikatoren (Metriken) identifiziert, die notwendig sind, um die Wirksamkeit des IKS zu beurteilen. Zudem wird das entsprechende Monitoring implementiert.

---

12 Business Impact Analysis (BIA) ist der bekannteste – aber auch sehr aufwändige – Ansatz zur systematischen Ermittlung wesentlicher Kontrollen in der IT.

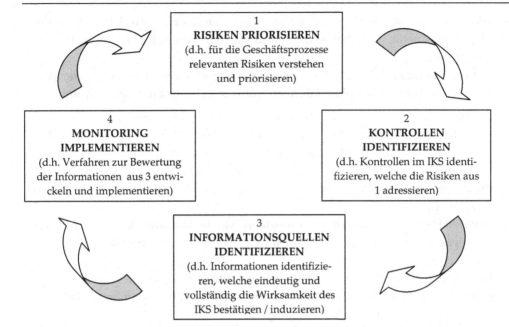

Abbildung 2:   Prozess zur Identifizierung von „key controls".

2. Bottom-Up-Ansatz: Im ersten Schritt werden auch hier Bereiche und Prozesse
    auf hohem Abstraktionsniveau betrachtet. Zunächst werden detaillierte Pro-
    zesse und Transaktionsflüsse (Informationsflüsse) ausgearbeitet. Ausgehend
    von dieser Detailanalyse werden die Stellen identifiziert, an denen sich be-
    stimmte Risiken manifestieren können. Zu den Risiken werden Methoden ent-
    wickelt, mit deren Hilfe die Risiken überwacht werden können. In diesem An-
    satz ist es oft notwendig, aus den zahlreichen IT-Kontrollen die wesentlichen
    auszuwählen.

Diese analytischen Ansätze haben das Ziel, die Kontrollen zu identifizieren, die am
besten die bekannten Risiken adressieren. Es gilt als effizient und ressourcenopti-
mal, die Kontrollen als „key controls" zu definieren, die die wesentlichen Risiken
adressieren (ISACA 2010).

3.1.2   Merkmale wesentlicher Kontrollen

Um den Findungsprozess für die wesentlichen IT-Kontrollen zu vereinfachen, sind
zahlreiche Merkmale definiert worden, welche die wesentlichen Kontrollen von
den weniger kritischen Kontrollen zu unterscheiden helfen. ISACA (2010) nennt
folgende wesentliche Merkmale von "key controls":

– Das Versagen dieser Kontrollen kann sich wesentlich auf die Unternehmensziele auswirken und kann dabei nicht mit Hilfe anderer Kontrollen im Voraus entdeckt werden (sog. *stand-alone* Kontrollen);

- Die "key controls" können auf das Versagen anderer Kontrollen ex ante hinweisen, das heißt, noch bevor das Versagen sich wesentlich auf die Unternehmensziele auswirkt.

Der COSO-Leitfaden (COSO 2009) nennt folgende Kriterien, welche bei der Auswahl wesentlicher IT-Kontrollen (als auch Kontrollen insgesamt) hilfreich sind:

- Komplexität (*Complexity*): Kontrollen, die spezielle Fähigkeiten oder Schulungen erforderlich machen, sind typischerweise anfälliger als einfache Kontrollen;
- Wertung (*Judgment*): Kontrollen, deren Wirksamkeit in großem Maße von der Beurteilung abhängig ist, sind stark von den Fähigkeiten und der Ausbildung dieser Personen abhängig, die die Bewertung durchführen. Dies verursacht zusätzliche Risiken.
- Manuelle versus automatisierte Kontrollen: Manuelle Kontrollen sind anfälliger für Menschenversagen oder -fehler im Gegensatz zu automatisierten Kontrollen.
- Bekannte Ausfälle bzw. Schwächen der Kontrollen: Bekannte Probleme sind solange Grund für verstärktes Monitoring, wie die Verbesserungen effektiv die Ursachen für die Ausfälle bewältigt haben.
- Kompetenz und Erfahrung des Personals: Inadäquate Kompetenz und Erfahrung in Durchführung von Kontrollen erhöhen die Wahrscheinlichkeit der Kontrollausfälle.
- Potenzial dafür, das Kontrollen durch das Management umgangen werden können: Die Kontrollen, die durch das Management übergangen werden können (z.B. für Zwecke, welche den Unternehmenszielen entgegengesetzt sind), rechtfertigen besondere Aufmerksamkeit beim Monitoring.
- Wahrscheinlichkeit, dass die Fehlfunktion bzw. der Ausfall der Kontrolle entdeckt wird: Falls die Aufdeckungswahrscheinlichkeit der Kontrollschwäche noch bevor wesentlicher Schaden entsteht (zum Beispiel durch andere Kontrollen) niedrig ist (oft bei sogenannten *Stand-alone* Kontrollen der Fall), erhöht dies die Notwendigkeit, diese Kontrolle als wesentlich einzustufen.

Definition wesentlicher Kontrollen für die IT und insbesondere derer, die die Schutzziele der Informationssicherheit (Verfügbarkeit, Vertraulichkeit, Integrität) adressieren, kann für unterschiedliche Organisationen bzw. Unternehmen voneinander abweichen. Die Kontrollen bzw. die Wesentlichkeit der Kontrollen für die Unternehmen unterscheidet sich von Organisation zu Organisation nicht nur aufgrund unterschiedlicher Größe und Branche. Auch die Komplexität der IT-Systeme, geographische Verteilung der IT-Standorte, Umfang der Technologie insgesamt (auch Ressourcen betreffend) oder sogar die Unternehmensphilosophie (wie zentralisierte oder dezentrale Ablauf – und Aufbauorganisation) können Einfluss darauf nehmen, welche Kontrollen wesentlich sind und welche nicht. ISACA (2010) verdeutlicht dies am folgenden Beispiel: „in an enterprise with 15 business units operating a centralized IT environment with a single integrated ERP system, the importance of program change controls is much greater than in that same size company operating a decentralized environment with discrete ERP applications. This is because [...] an individual unauthorized change would affect only one of the 15 business units."

„Key controls" können sowohl bekannte, existenzbedrohende Risiken abdecken als auch in den gesetzlichen Vorgaben oder vertraglichen Verpflichtungen begründet liegen.

3.1.3   Klassifizierung nach Public Company Accounting Board (PCAOB)

In Folge der Bilanzskandale im Jahr 2002 verlangen die Gesetzgeber von den Unternehmen mehr Transparenz im Umgang mit Informationen. Diese Anforderungen beziehen sich vorrangig – aber nicht ausschließlich – auf die sogenannten rechnungslegungsrelevanten Daten und Systeme. Ein IT-System oder seine Elemente sind rechnungslegungsrelevant, wenn sie dazu dienen, Daten über Geschäftsprozesse oder betriebliche Aktivitäten zu verarbeiten, die entweder direkt in die IT-gestützte Rechnungslegung einfließen oder als Grundlage für Buchungen in elektronischer Form dem Rechnungslegungssystem zur Verfügung stehen (dazu zählen auch Managemententscheidungs- und Risikomanagementsysteme).

Durch die Einrichtung eines internen Kontrollsystems soll gewährleistet werden, dass die rechnungslegungsrelevanten Daten in den IT-Systemen richtig – sicher und ordnungsgemäß – verarbeitet werden.

Das IT Governance Institut (ITGI) identifizierte vier wesentliche Kontrollgruppen (sog. *general controls*), die beim Einsatz von Informationstechnologie bei der Verarbeitung rechnungslegunsrelevanter Daten berücksichtigt werden müssen (ITGI 2006):
- Program Development Controls (Kontrollen über die Programmentwicklung),
- Program Changes Controls (Kontrollen über die Programmänderung),
- Access to Programs and Data Controls (Zugriffskontrollen auf Programme und Daten),
- Computer Operations Controls (Kontrollen beim IT-Betrieb).

Die oben genannten IT-Kontrollgruppen – die sogenannten PCAOB IT-General Controls – gelten heute als SOX-relevant.

Welche einzelne IT-Kontrollen – Aktivitäten und Maßnahmen – konkret eingesetzt werden sollen, kann das Unternehmen entweder in einem Top-Down- oder Buttom-Up-Ansatz eruieren. Der jeweils erforderliche Umfang der Kontrollen bestimmt sich nach der Größe des Unternehmens und seinen Aufgaben.

3.1.4   Klassifizierung nach Debra S. Herrmann

Debra S. Herrmann leitete aus den wichtigsten internationalen regulatorischen Vorgaben und Normen, wie Health Information Portability and Accountability Act (PIPAA), Graham-Leach-Bliley (GLB) oder OECD Security and Privacy Guidelines, etc., insgesamt etwa 300 Metriken für Bewertung der Kontrollen in den Bereichen

Datenschutz und Sicherheit ab. Dabei hat sie die Kontrollen in neun Komponenten des sogenannten *IT security control system* und sieben Komponenten des *IT security protection systems* gruppiert (Herrmann 2007).

Zu dem System relevanter IT-Sicherheitskontrollen gehören unter anderem die Zugriffsberechtigungskontrollen, kryptographische Verfahren und Sicherheitsmanagement. Diese Faktoren gewährleisten die Funktionsfähigkeit der Sicherheit im normalen IT- bzw. Geschäftsbetrieb. Das Schutzsystem dagegen, bestehend unter anderem aus Incident Handling, Alarmierungssystemen oder Exception Reports, soll die Assets des Unternehmens vor den sogenannten abnormalen Operationen schützen. Dies umfasst proaktive, präventive sowie – falls notwendig – reaktive Maßnahmen dort, wo abnormale bzw. von der Norm abweichende Bedingungen und Ereignisse erwartet werden oder auftreten bzw. aufgetreten sind (vgl. Tabelle 2).

Nach Auffassung von Herrmann spielen die *IT security protection systems* mit steigender Automatisierung und Verbreitung sogenannter selbstheilender, selbstlernender Systeme[13] in den Unternehmen, eine immer wichtigere Rolle.

Tabelle 2:   **Klassifizierung der IT-Kontrollen nach Herrmann (2007)**

IT security control system	IT security protection system
Logical access control[14]	Audit trial, alarm generation
Data authentication, non-repudiation	Availability
Encryption, cryptographic support	Error, exception and incident handling
Flow control (operational, data)	Fail safe, fail secure, graceful degrada-
Identification and authentication	tion, degraded mode operations
Maintainability, supportability	Integrity (hardware, software, data,
Privacy	network, etc.)
Residual information protection	Domain separation
Security management, credentials	Resource management (resource allo-
management, rules management	cation, service priority, capacity man-
	agement)

3.1.5   Klassifizierung nach ISO/IEC 27002

Die relevanten Kontrollfelder können ebenfalls entlang des ISO/IEC 27001 bzw. ISO/IEC 27002 Standards definiert werden (siehe Tabelle 3). Die elf Kontrollfelder (auch Überwachungsbereiche genannt) untergliedern sich in 39 Hauptkategorien, die sogenannten Kontrollziele. Diese sind mit konkreten Sicherheitsmaßnahmen untersetzt, deren Anwendung die Erreichung von Kontrollzielen unterstützt.

---

13 Selbstlernende Systeme werten Vorfälle und Angriffe eingeständig aus und berücksichtigen diese danach automatisch in Incident-Erkennung etc.

14 Beispiele für Metriken zur Bewertung der Zugriffsberechtigungen, Datenflusskontrollen und Verfügbarkeit befinden sich im Kapitel 10.

Tabelle 3: **Kontrollfelder für Security und IT-Compliance Reporting gemäß ISO 27002.**

Kontrollfeld	Kurzbeschreibung
Information Security Policy	Weisungen und Richtlinien zur Informationssicherheit
Organisation of information security	Organisatorische Sicherheitsmaßnahmen und Managementprozess
Asset management	Verantwortung und Klassifizierung von Informationswerten
Human resources security	Personelle Sicherheit
Physical and environmental security	Physische Sicherheit und öffentliche Versorgungsdienste
Communications and operations management	Netzwerk- und Betriebssicherheit (Daten und Telefonie)
Access control	Zugangs- und Zugriffskontrolle
Information systems acquisition, development and maintenance	Systementwicklung und Wartung
Information security management	Umgang mit Sicherheitsvorfällen
Business continuity management	Notfall-, Krisen- und Katastrophenplanung; Geschäftsfortführungspläne
Compliance	Einhaltung rechtlicher Vorgaben, der Sicherheitsrichtlinien und ihre Überprüfung durch Audits

Die Auswahl relevanter Kontrollen ist von den unternehmensinternen Kriterien für die Risikoakzeptanz, Risikobehandlungsoptionen und Risikomanagement insgesamt abhängig. So können angemessene Kontrollen identifiziert, implementiert und ggf. neue, notwendige Kontrollen entwickelt werden.

ISO 27002 identifiziert eine Reihe von Kontrollen als sogenannte „information security starting point". Damit ist eine Gruppe von Kontrollen gemeint, welche unter den rechtlichen Gesichtspunkten für jede Art von Unternehmen essentiell ist. Drei wesentliche Kontrollen, ergänzt um sieben weitere, werden als „common practices" empfohlen:

I. Datenschutz und Schutz vertraulicher Informationen (*data protection and privacy of personal information*),

II. Schutz interner Daten und Aufzeichnungen, insbesondere von Finanzinformationen (*protection of organisational records*),

III. Urheberrechte (*intelectual property rights*).

Sog. Common Practices (übliche Praxis):

1. Informationssicherheitsrichtlinie (Information Security Policy),

2. Funktionstrennung und Verteilung der Zuständigkeiten in der Informationssicherheit,

3. Awareness, Weiterbildung und Training,

4. Prozesskontrollen in Applikationen,

5. Technisches Schwachstellenmanagement,

6. Business Continuity Management (Notfall- und Katastrophenplanung),

7. Incident Management und Management der Verbesserungen.

Nicht alle Kontrollen sind für jede Art von Organisation geeignet. Auch die nationalen regulatorischen Vorgaben müssen ggf. zusätzlich berücksichtigt und die Kontrollen entsprechend um neue Maßnahmen erweitert werden, die die Anforderungen aus den Vorgaben adressieren.

3.1.6   Klassifizierung nach COBIT 4.1

COBIT in seiner aktuellen Form (Version 4.1) ist ein Rahmenwerk für das Management, die Überwachung und Steuerung der IT. Das Rahmenwerk beinhaltet ein Prozessmodell mit generell anwendbaren und international akzeptierten IT-prozessbezogenen Anforderungen (*control objectives*).

Die *control objectives* stellen eine vollständige Gruppe von Anforderungen, sogenannte *high-level requirements*, zur Verfügung, die vom Management für die wirksame Steuerung und Kontrolle von jedem IT-Prozess zu beachten sind. Diese werden in die Gesamtsicht des zyklischen Prozesses (vier sog. COBIT-Domänen) – Planung & Organisation, Beschaffung & Implementierung, Betrieb & Unterstützung und Überwachung, – eingefügt. Diese vier übergeordneten Prozesse sind in insgesamt 34 kritische IT-Prozesse unterteilt, die für ein angemessenes Management der IT ausschlaggebend sind (vgl. Tabelle 4).

Tabelle 4:   COBIT Anforderungen und IT-Prozesse

Planen und Organisieren (*Plan and Organize*)		Erbringen und Unterstützen (*Deliver and Support*)	
PO1	Definiere einen strategischen IT-Plan	DS1	Definiere und manage Service Levels
PO2	Definiere die Informations- architektur	DS2	Manage Leistungen von Dritten
PO3	Bestimme die technologische Richtung	DS3	Manage Performance und Kapazität
PO4	Definiere die IT-Prozesse, Organisation und Beziehungen der IT	DS4	Stelle den kontinuierlichen Betrieb sicher
PO5	Manage IT-Investitionen	DS5	Stelle die Sicherheit von Systemen sicher

Planen und Organisieren (Plan and Organize)		Erbringen und Unterstützen (Deliver and Support)	
PO6	Kommuniziere Ziele und Anweisungen des Managements	DS6	Identifiziere und verrechne Kosten
PO7	Manage das IT-Personal	DS7	Schule und trainiere Benutzer
PO8	Manage Qualität	DS8	Manage den Service Desk und Incidents
PO9	Beurteile und Manage IT-Risiken	DS9	Manage die Konfiguration
PO10	Manage Projekte	DS10	Manage Probleme
Beschaffen und Implementieren (Acquire and Implement)		DS11	Manage Daten
AI1	Identifiziere automatisierte Lösungen	DS12	Manage die physische Umgebung
AI2	Beschaffe und pflege Anwendungssoftware	DS13	Manage Operations
AI3	Beschaffe und pflege technologische Infrastruktur	Überwachen und Bewerten (Monitor and Evaluate)	
AI4	Ermögliche Betrieb und Verwendung	ME1	Überwache und beurteile die IT Performance
AI5	Beschaffe IT-Ressourcen	ME2	Überwache und beurteile das interne IT-Kontrollsystem
AI6	Manage Changes	ME3	Stelle Compliance mit externen Vorgaben sicher
AI7	Installiere und akkreditiere Lösungen und Changes	ME4	Etabliere IT-Governance

3.2 Monitoring versus Audit

Monitoring der IT-Compliance und -Conformance umfasst gemäß ISO 38500 zwei wichtige Teilaufgaben: Etablierung von Reporting und Auditierungs- bzw. Revisionspraktiken sowie Monitoring von IT-Aktivitäten. Genau genommen definiert ISO 38500 (ISO 2008) die Pflichten der Unternehmensleitung wie folgt:

- Directors should monitor IT compliance and conformance through appropriate reporting and audit practices, ensuring that reviews are timely, comprehensive and suitable for the evaluation of the extent of satisfaction of the business.
- Directors should monitor IT activities, including disposal of assets and data, to ensure that environmental, privacy, strategic knowledge management, preservation of organisational memory and other relevant obligations are met.

In den Pflichten werden zwei Kontrollarten – Monitoring und Audit – adressiert. Mit dem *Monitoring* ist die permanente Überwachung der Performance der Sicherheit und Compliance mittels Indikatoren (Metriken) und Reports gemeint. Dabei handelt es sich um unmittelbare und systematische Erfassung, Beobachtung bzw. Überwachung eines Prozesses mittels technischer Hilfsmittel oder anderer Beobachtungssysteme. Audit steht hingegen für die periodische Überprüfung der Wirksamkeit der implementierten Kontrollen in der IT.

In dem Bereich Informationssicherheit liegen Monitoring und Audit oft sehr nah beieinander. Gemäß NIST 800-14, je mehr *real-time* eine Audit-Aktivität ist, desto mehr fällt sie in die Kategorie Monitoring. Dementsprechend wird Systemaudit als „a one-time or periodic event to evaluate security" definiert, während „[m]onitoring refers to an ongoing activity that examines the system or the user". Das derzeit in vielen Unternehmen aus Effizienzgründen und hinsichtlich der verschärften Auflagen aus COSO bevorzugte "continuous" oder "automated audit" ist ein gutes Beispiel für die Annäherung beider Kontrollarten (Brennan 2008).

Gemäß NIST 800-14 umfasst ein Sicherheitsaudit folgende Aktivitäten:

– Automated Tools (*active/passive tests*),
– Internal Controls Audit (*computer/non-computer based controls*),
– Security Checklists (*"baselines" for security practices/policies*),
– Penetrationstests (*penetration testing*).

Auch die Prüfungen durch die interne Revision oder externe Wirtschaftsprüfer fallen in den definitorischen Bereich eines Audit. So können beispielsweise Prüfungen der Zugriffs- und Zugangsberechtigungen oder andere Teilprüfungen der IT-Systeme durch die Interne Revision gemäß IDW PS 330 und IDW RS FAIT1 wichtige Ergebnisse im Rahmen der Compliance-Bewertung darstellen. Neben den eigenen Tests, Befragungen und Sichten der Dokumentation sind Auditergebnisse Dritter eine wichtige Inputgröße für die Revisionsprüfungen.

Monitoring kann einfache Analysen bis hin zu statischen Auswertungen umfassen. Durch Aktivitäten wie Auswertung von system logs, automatische Scanner, etc. können Auffälligkeiten in Form von lokalen Häufungen fehlerhafter Anmeldungen, Systemanmeldungen in Abwesenheit, Login-Versuche aus bestimmten Adressen etc. festgestellt und dokumentiert werden.

4 Metriken im Universum regulatorischer Anforderungen

Den Umgang mit den IT-Risiken regeln in Deutschland zahlreiche gesetzliche Vorgaben. Gesetzliche Regelungen betonen gemeinsam die Verantwortung der Unternehmensleitung für die Einrichtung eines „angemessenen" Überwachungssystems und die Verpflichtung, die Nachprüfbarkeit des eingerichteten Risikomanagementsystems und IKS durch eine „angemessene" Dokumentation sicherzustellen.

Zu den deutschen Regelungen zählen – auf einem sehr hohen Abstraktionsniveau – das Handelsgesetzbuch (HGB), das GmbH-Gesetz sowie das Aktiengesetz (AktG) bzw. das kürzlich veröffentlichte Bilanzrechtsmodernisierungsgesetz (BilMoG). Diese Normen nehmen Bezug auf die Geschäftsrisiken im Allgemeinen sowie fordern einen sorgfältigen Umgang mit diesen Risiken an. Ebenfalls gelten das branchenunabhängige Bundesdatenschutzgesetz (BDSG) und ggf. die EU-Datenschutzrichtlinie 95/46/EG sowie das Telemediengesetz (TKG). Für Finanzinstitute ist die ordnungsgemäße Unternehmensüberwachung durch § 25a KWG (Kreditwesengesetz) gesetzlich geregelt.

Auszüge aus den relevanten Gesetzestexten

AktG

§ 91: Organisation, Buchführung:

(2) Der Vorstand hat geeignete Maßnahmen zu treffen, insbesondere ein Überwachungssystem einzurichten, damit den Fortbestand der Gesellschaft gefährdende Entwicklungen früh erkannt werden.

§ 93: Sorgfaltspflicht und Verantwortlichkeit der Vorstandsmitglieder:

(1) Die Vorstandsmitglieder haben bei ihrer Geschäftsführung die Sorgfalt eines ordentlichen und gewissenhaften Geschäftsleiters anzuwenden. Eine Pflichtverletzung liegt nicht vor, wenn das Vorstandsmitglied bei einer unternehmerischen Entscheidung vernünftigerweise annehmen durfte, auf der Grundlage angemessener Information zum Wohle der Gesellschaft zu handeln. (...)

§ 116: Sorgfaltspflicht und Verantwortlichkeit der Aufsichtsratsmitglieder:

Für die Sorgfaltspflicht und Verantwortlichkeit der Aufsichtsratsmitglieder gilt § 93 mit Ausnahme des Absatzes 2 Satz 3 über die Sorgfaltspflicht und Verantwortlichkeit der Vorstandsmitglieder sinngemäß.

GmbHG

§ 43: Haftung der Geschäftsführer:

(1) Die Geschäftsführer haben in den Angelegenheiten der Gesellschaft die Sorgfalt eines ordentlichen Geschäftsmannes anzuwenden.

(2) Geschäftsführer, welche ihre Obliegenheiten verletzen, haften der Gesellschaft solidarisch für den entstandenen Schaden.

HGB

§ 317: Gegenstand und Umfang der Prüfung:

(4) Bei einer börsennotierten Aktiengesellschaft ist außerdem im Rahmen der Prüfung zu beurteilen, ob der Vorstand die ihm nach § 91 Abs. 2 des Aktiengesetzes obliegenden Maßnahmen in einer geeigneten Form getroffen hat und ob das danach einzurichtende Überwachungssystem seine Aufgaben erfüllen kann.

§ 321: Prüfungsbericht:

(4) Ist im Rahmen der Prüfung eine Beurteilung nach § 317 Abs. 4 abgegeben worden, so ist deren Ergebnis in einem besonderen Teil des Prüfungsberichts darzustellen. Es ist darauf einzugehen, ob Maßnahmen erforderlich sind, um das interne Überwachungssystem zu verbessern.

Die Anforderungen an die Kontrollen, Regelungen und Maßnahmen, die der Buchführungspflichtige umsetzen muss, um den Grundsätzen ordnungsmäßiger Buchführung (GoB) beim Einsatz der IT zu genügen, wurden in den Grundsätzen ordnungsmäßiger DV-gestützter Buchführungssysteme (GoBS) festgelegt (unter anderem das Datensicherheitskonzept, wirksame Zugriffs- bzw. Zugangskontrollen etc.).

Neben den nationalen Vorgaben existiert noch eine Reihe internationaler Normen, die für die deutschen Unternehmen relevant sein können. Neben Basel II und den Richtlinien der EU gehören dazu oft der US-Amerikanische Sarbanes-Oxley Act (SOX) und die Guidelines der OECD. Hinsichtlich der Frage, wie im Einzelfall ein „angemessenes" Überwachungssystem oder eine „angemessene" Dokumentation anzusehen ist, besteht für die Unternehmen ein breiter Ermessensspielraum. Der Gesetzgeber verweist in dieser Frage oft auf die sogenannten „gängigen Standards" – für die Security Compliance sind die Standards des ISO/IEC, BSI bzw. die Grundsätze ordnungsmäßiger Buchführung des IDW relevant.

In der <kes>/Microsoft-Sicherheitsstudie aus dem Jahr 2010, die zu den wenigen Studien zum Thema Informationssicherheit im deutschsprachigen Raum gehört, wurden die aktuell geltenden Gesetze und Regularien nach ihrer Bekanntheit und Relevanz bewertet. Daraus konnte eine Liste mit regulatorischen Vorgaben abgeleitet werden, die in den deutschen Unternehmen besondere Berücksichtigung findet. Sortiert nach Relevanz (in abnehmender Rangfolge), wird die Liste vom Bundesdatenschutzgesetz angeführt. Dabei ist auch der Umsetzungsgrad des

BDSG in den Unternehmen mit über 90% (Durchschnittswert über alle befragten Unternehmen) mit Abstand der höchste.

1. Bundesdatenschutzgesetz (BDSG)
2. Grundsätze zum Datenzugriff und zur Prüfbarkeit digitaler Unterlagen (GDPdU)
3. Telekommunikationsgesetz (TKG) / Telekommunikations-Überwachungsverordnung (TKÜV)
4. Branchenspezifische Vorgaben (z.B. KWG für Kreditinstitute etc.)
5. Gesetz zur Kontrolle und Transparenz im Unternehmensbereich (KonTragG)
6. Signaturgesetz und Signaturverordnung (SigG/SigV)
7. Basel II
8. Telemediengesetz (TMG)
9. Sarbanes-Oxley Act (SOX) / EuroSOX
10. Federal Rules of Civil Procedure (FRCP).

In der Tabelle 5 werden ausgewählte rechtliche Normen und ihr Einfluss auf die Informationstechnologie bzw. auf verschiedene Aspekte der Informationssicherheit dargestellt (vgl. Fröhlich 2010).

Tabelle 5:   **Anforderungen an Informationssicherheit und IT-Kontrollen.**

Anforderungen	SOX	BilMoG	KonTraG	BDSG	GoB	GdPdU
Archivierung					x	x
Aufbewahrungsfristen	x				x	x
Berichterstellung	x	x				
Datenschutz				x		
Datenzugriff				x	x	
Dokumentation		x	x		x	
Internes Kontrollsystem (IKS)	x	x	x		x	
Informationssicherheit				x	x	
Jahresabschluss	x	x	x		x	
Ordnungsmäßige Buchführung					x	
Risikomanagement	x	x	x			
Transparenz	x	x	x		x	

Nachfolgend werden kurz beispielhaft ausgewählte Normen und Standards vorgestellt. Im Hinblick darauf, wie zahlreich die Publikationen zu den Anforderungen sind, hat die in diesem Buch vorgenommene Darstellung keinen Anspruch auf Vollständigkeit. Vielmehr dient sie der Orientierung und soll zu weiteren eigenständigen Recherchen anregen (vgl. Rüter et al. 2010).

4.1 Sarbanes-Oxley Act (SOX)

Der hohe Stellenwert der Rahmenwerke für die interne Kontrollen stammt aus den USA und resultiert insbesondere aus der im Sarbanes-Oxley Act (SOX) festgehaltenen Pflicht, ein IKS für die Finanzberichterstattung einzurichten. Um die Anforderungen aus dem SOX umzusetzen, haben die davon betroffenen Unternehmen ein von der Securities and Exchange Commission (SEC) empfohlenes Rahmenwerk zu verwenden. Das COSO-Framework – das derzeit international am meisten verbreitete Rahmenwerk – findet hier häufig Anwendung.

Im Hinblick auf die Verbindung der geschäftsrelevanten Abläufe mit der Informationstechnologie und die immer stärker werdende Abhängigkeit der Finanzberichterstattung (*financial reporting*) von der IT, können die IT-Kontrollen nicht mehr von den anderen Elementen interner Kontrollen gesondert behandelt werden (Herrmann 2007). Aus der Sektion 404 des SOX folgen demnach Anforderungen an robuste und effektive IT-Kontrollen in den Unternehmen.

Eine der Anforderungen des SOX ist, dass die Ordnungsmäßigkeit der Verarbeitung und die Integrität der verarbeiteten relevanten Finanzdaten jederzeit gewährleistet sein soll. Weiterhin sollte der Zugriff auf die Finanzdaten fortwährend sichergestellt sein. Zusätzlich soll eine Missbrauchserkennung ermöglicht werden. Schwachpunkte im IKS sollten deshalb rechtzeitig entdeckt und bereinigt werden. Über die Funktionsfähigkeit dieses IKS muss in den periodischen Unternehmensreports berichtet werden. Hierbei wird auf die Verantwortung der Geschäftsleitung für die Einrichtung und den Betrieb vom IKS hingewiesen.

Sektion 404 des SOX schreibt folgende Prozesse im Unternehmen vor (Bitkom 2009):

- Auswahl und Beurteilung eines Regelwerks für ein internes Kontrollsystem (IKS);
- Dokumentation des IKS;
- Überwachung des IKS.

Der Focus der Audits und Prüfungen im Sinne des Sarbanes-Oxley Act (SOX), gemäß Public Company Accounting and Oversight Board Auditing Standards Nr. 5 (AS5), liegt generell darauf, Risiken bzw. Betrug und Verfälschung zu verhindern, bzw. die Kontrollschwächen und Schwachstellen aufzudecken, die eine Falschdarstellung in der Finanzberichterstattung des Unternehmens zur Folge haben könnten. So konzentrieren sich die Abschlussprüfer hauptsächlich auf die Risiken und Kontrollen, die die Richtigkeit der Finanzberichte wesentlich beeinträchtigen könnten. Die Wirksamkeit des IKS muss durch externe Prüfer beurteilt werden. Der SOX mandatiert somit nicht nur die Implementierung effektiver rechnungslegungsrelevanter IT-Kontrollen, sondern ebenfalls die Bewertung und Beurteilung der Effektivität dieser Kontrollen im Rahmen von Auditing, Monitoring und Reporting (COSO 1992).

Trotz der ununterbrochenen Popularität von SOX im internationalen Umfeld ist seine Einwirkung auf die Gestaltung der IT-Kontrollen in den deutschen Unternehmen offenbar nicht sehr stark, wie die Ergebnisse der <kes>/Microsoft-Sicherheitsstudie aus dem Jahr 2010 bestätigen (<kes> 2010). Dies kann in der Tatsache begründet liegen, dass der SOX zurzeit nur für eine Minderheit der deutschen Unternehmen bindend ist (Bitkom 2009). Bezogen auf die IT-Sicherheit ergeben sich aus dem SOX keine vollkommen neuen Anforderungen; vergleichbare Regelungen im deutschen und europäischen Rahmen bestehen bereits bzw. sind noch zu erwarten.

4.2 Bilanzrechtsmodernisierungsgesetz (BilMoG)

Das im März 2008 verabschiedete Gesetz zur Modernisierung des Bilanzrechts (Bilanzrechtsmodernisierungsgesetz, BilMoG) dient der Umsetzung der EU-Richtlinien und zugleich auch der Reform des Bilanzrechts in Deutschland. Gemeint sind hier die sogenannten Abschlussprüferrichtlinien (Richtlinie 2006/43/EG in Ergänzung durch die Richtlinie 2008/30/EG) und die Abänderungsrichtlinie (Richtlinie 2006/46/EG).

Das BilMoG enthält zwei wichtige Verpflichtungen im Hinblick auf das unternehmensinterne Kontrollsystem (IKS) und so auch auf die IT-Kontrollen. Erstens sind kapitalmarktorientierte Unternehmen gemäß §289 Abs. 5 HGB-E verpflichtet, ihre externe Berichterstattung um eine Beschreibung der internen Kontroll- und Risikomanagementsysteme zu erweitern. Zweitens hat gemäß §171 Abs. 1 Satz 2 AktG-E der Abschlussprüfer hinsichtlich der Berichterstattung über die wesentlichen Ergebnisse seiner Prüfung, insbesondere über wesentliche, im Rahmen der Abschlussprüfung festgestellte Schwächen des rechnungslegungsbezogenen internen Kontroll- und Risikomanagementsystems, zu berichten.

4.3 Bundesdatenschutzgesetz (BDSG)

Personenbezogene Daten werden teilweise (oder vollständig) elektronisch innerhalb vorhandener IT-Systeme (sogenannte Datenverarbeitungssysteme) verarbeitet. Personenbezogene Daten im Sinne des §3 (1) BDSG sind „Einzelangaben über persönliche oder sachliche Verhältnisse einer bestimmten oder bestimmbaren Person (Betroffener)". IT-Compliance im Sinne des BDSG bedeutet unter anderem, dass nach §9 BDSG „technische und organisatorische Maßnahmen" zu treffen sind, um die gesetzlichen Anforderungen bezüglich des Schutzes personenbezogener Daten zu gewährleisten. Diese „Maßnahmen" umfassen Kontrollen, die in der Anlage zu § 9 Satz 1 aufgeführt sind.

Ziel der Norm §9 BDSG ist es, durch den ordnungsmäßigen Ablauf der Datenverarbeitung sowie den geeigneten Einsatz von Sicherheitsmaßnahmen den Verlust, Beschädigung oder Missbrauch personenbezogener Daten zu verhindern bzw. das

Risiko dieser Ereignisse zu minimieren. Ziel dieser Maßnahmen ist die Gewährleistung des Persönlichkeitsrechts der „Betroffenen" gemäß §1 BDSG.

Generell müssen sich die Sicherheitsmaßnahmen am aktuellen Stand der Technik orientieren, bzw. müssen technische und organisatorische Maßnahmen getroffen werden, die erforderlich sind, um die Ausführung der Vorschriften des BDSG zu gewährleisten. Der Grundsatz der Verhältnismäßigkeit besagt einerseits, dass die Schutzwirkung der Maßnahmen im angemessenen Verhältnis zum Aufwand stehen soll, den sie verursachen. Im Umkehrschluss besagt es nicht, dass aufgrund des beispielsweise hohen Aufwands auf Maßnahmen verzichtet werden kann.

Neben dem Aufwand, ist die Auswahl geeigneter Maßnahmen auf „die Art der zu schützenden personenbezogenen Daten" abzustellen. Als Kriterium für die Messung des Schutzbedarfs personenbezogener Daten kann demnach ihre Sensitivitätsstufe dienen, bzw. kann diese auf Grundlage einer Risikobewertung ermittelt werden (Berndt 2008). Dabei dürfen grundsätzlich keine Maßnahmen eingesetzt werden, die zu einer erheblichen Gefährdung der grundrechtlich geschützten Rechte der Betroffenen führen (vgl. Schomerus 2009 et al.).

§9 des BDSG wird durch eine Anlage im Rahmen des BDSG konkretisiert. Die relevanten Kontrollen, die im Hinblick auf die Umsetzung technischer und organisatorischer Maßnahmen genannt werden, sind die folgenden: Zutrittskontrollen, Zugangskontrollen, Zugriffskontrollen, Weitergabekontrollen, Eingabekontrollen und Auftragskontrollen (vgl. Tabelle 6).

In dem Einleitungssatz der Anlage zu § 9 wurden außerdem die Organisationskontrollen festgeschrieben. Dabei werden angemessene Fähigkeiten und Kompetenzen der Mitarbeiter unter anderem durch entsprechende Schulungs- und Awareness-Maßnahmen gefördert. Die Umsetzung regulatorischer Anforderungen im Unternehmen macht das Vorhandensein entsprechender Ablauforganisation notwenig. Darunter sind unter anderem Datenschutzrichtlinien (*privacy policy*), Arbeitsanweisungen sowie Prozesse zum Change Management zu verstehen.

Tabelle 6:   **Beschreibung der Kontrollen gemäß §9 BDSG**

Kontrolle gem. § 9 BDSG	Beschreibung
Organisationskontrollen	Zu den wichtigsten Maßnahmen der Organisationskontrollen gehören die Funktionstrennung (Trennung verschiedener Aufgaben und Funktionen sowie deren schriftliche Fixierung) und das Vier-Augen-Prinzip.
Zutrittskontrollen	Den Unbefugten soll der „körperliche" Zutritt zu Datenverarbeitungsanlagen, mit denen personenbezogene Daten verarbeitet werden, verwehrt werden.
Zugangskontrollen	Die unbefugte Nutzung von Datenverarbeitungssystemen soll verhindert werden.

Zugriffskontrollen	Sie sollen gewährleisten, dass nur die zur Nutzung des Datenverarbeitungssystems Berechtigten den Zugriff auf diese Systeme haben und der Zugriff sich ausschließlich auf diese personenbezogenen Daten beschränkt, die dieser Zugriffsberechtigung unterliegen, so dass Daten bei der Verarbeitung, Nutzung und nach der Speicherung nicht unbefugt gelesen, kopiert, verändert oder entfernt werden können.
Weitergabekontrollen	Weitergabekontrollen fassen die Transport- und Datenträgerkontrollen zusammen. Es soll verhindert werden, dass Datenträger während ihres Transports oder elektronischer Übertragung unbefugt gelesen, kopiert, verändert oder entfernt werden können, sowie dass überprüft und festgestellt werden kann, an welchen Stellen eine Übermittlung personenbezogener Daten durch Einrichtungen zur Datenübertragung vorgesehen ist.
Eingabekontrollen	Die Nachprüfbarkeit eines Verarbeitungsvorgangs (Eingabe, Änderung, Entfernung) personenbezogener Daten soll gewährleistet werden, das heißt der Urheber, Inhalt und Zeitpunkt der Datenspeicherung sollen ermittelt werden können.
Auftragskontrollen	Der Auftragnehmer hat zu gewährleisten, dass die im Auftrag zu bearbeitenden Daten nur entsprechend den Weisungen des Auftraggebers verarbeitet werden. Mittelbar damit verbunden ist die Pflicht des Auftraggebers, Weisungen an Auftraggeber zu erteilen.
Verfügbarkeitskontrollen	Verlangt, dass die personenbezogenen Daten vor zufälliger Zerstörung oder Verlust geschützt sind.
Trennungsverbot	Zweckmäßige Verarbeitung personenbezogener Daten soll technisch sichergestellt werden, das heißt zu unterschiedlichen Zwecken erhobene Daten sollen getrennt verarbeitet werden.

4.4 Kreditwesengesetz (KWG)

Für die Kreditinstitute hat der Gesetzgeber mit dem Einschub des § 25 in das Kreditwesengesetz (KWG) ausdrücklich und übergreifend gefordert, angemessene Sicherheitsvorkehrungen für den Einsatz der elektronischen Datenverarbeitung zu treffen. Zusätzlich werden die Kreditinstitute in den Mindestanforderungen an das Risikomanagement (MaRisk) der Bundesanstalt für Finanzdienstleistungsaufsicht

(BaFin), zum Einsatz von Sicherheitsmaßnahmen sowie Notfallmanagement verpflichtet (AT 7.2. „Technisch-organisatorische Ausstattung" sowie AT 7.3. „Notfallkonzept"). Finanzinstitute haben sich bei der Gestaltung ihrer IT-Systeme und der dazugehörigen IT-Prozesse grundsätzlich an den "gängigen Standards" zu orientieren, um die Grundwerte der Sicherheit – Integrität, Verfügbarkeit, Authentizität und Vertraulichkeit – sicherzustellen. Zu solchen „gängigen" Standards zählen laut BaFin unter anderem die Standards des Bundesamtes für Sicherheit in der Informationstechnik (BSI), die Standards der International Standardisation Organisation (ISO), der Standard zur Ausgestaltung von IT-Systemen im Sparkassenbereich OPDV 1/2006 und die OPDV-Stellungnahme 1/2010 „Ausgestaltung der Notfallvorsorge in Sparkassen" sowie Sicherer IT-Betrieb (vom SIZ Informatikzentrum der Sparkassenorganisation GmbH), welches für alle Sparkassen verbindlich ist.

Verlautbarungen der Bundesanstalt für Finanzdienstleistungsaufsicht im Wortlaut (Quelle: BaFin 2009):

AT 7.2 Technisch-organisatorische Ausstattung

1. Umfang und Qualität der technisch-organisatorischen Ausstattung haben sich insbesondere an betriebsinternen Erfordernissen, den Geschäftsaktivitäten sowie der Risikosituation zu orientieren.

2. Die IT-Systeme (Hardware- und Software-Komponenten) und die zugehörigen IT-Prozesse müssen die Integrität, die Verfügbarkeit, die Authentizität sowie die Vertraulichkeit der Daten sicherstellen. Für diese Zwecke ist bei der Ausgestaltung der IT-Systeme und der zugehörigen IT-Prozesse grundsätzlich auf gängige Standards abzustellen, insbesondere sind Prozesse für eine angemessene IT-Berechtigungsvergabe einzurichten, die sicherstellen, dass jeder Mitarbeiter nur über die Rechte verfügt, die er für seine Tätigkeit benötigt; die Zusammenfassung von Berechtigungen in einem Rollenmodell ist möglich. Die Eignung der IT-Systeme und der zugehörigen Prozesse ist regelmäßig von den fachlich und technisch zuständigen Mitarbeitern zu überprüfen.

AT 7.3 Notfallkonzept

1. Für Notfälle in zeitkritischen Aktivitäten und Prozessen ist Vorsorge zu treffen (Notfallkonzept). Die im Notfallkonzept festgelegten Maßnahmen müssen dazu geeignet sein, das Ausmaß möglicher Schäden zu reduzieren. Die Wirksamkeit und Angemessenheit des Notfallkonzeptes ist regelmäßig durch Notfalltests zu überprüfen. Die Ergebnisse der Notfalltests sind den jeweiligen Verantwortlichen mitzuteilen. Im Fall der Auslagerung von zeitkritischen Aktivitäten und Prozessen haben das auslagernde Institut und das Auslagerungsunternehmen über aufeinander abgestimmte Notfallkonzepte zu verfügen.

2. Das Notfallkonzept muss Geschäftsfortführungs- sowie Wiederanlaufpläne umfassen. Die Geschäftsfortführungspläne müssen gewährleisten, dass im Notfall zeitnah Ersatzlösungen zur Verfügung stehen. Die Wiederanlaufpläne müssen innerhalb eines angemessenen Zeitraums die Rückkehr zum Normalbetrieb ermöglichen. Die im Notfall zu verwendenden Kommunikationswege sind festzulegen. Das Notfallkonzept muss den beteiligten Mitarbeitern zur Verfügung stehen.

4.5 Standards

Wie die Vorgaben technisch umzusetzen sind, wird in den Normen und Gesetzen meistens nicht vorgeschrieben. Der Gesetzgeber hat sich auf die Definition der Anforderungen beschränkt und verweist in Fragen der Implementierung und Gestaltung auf die „gängigen" Standards (vgl. BaFin 2009).

Im gemeinsamen Leitfaden des Bundesverbandes Informationswirtschaft, Telekommunikation und neue Medien e. V. (Bitkom) und des Deutschen Instituts der Normung e.V. (DIN), betitelt „Kompass der IT-Sicherheitsstandards", wurden die aktuell für die Informationssicherheit relevanten Standards und Vorschriften dargestellt. Zu den besonders relevanten Standards für Unternehmen bzw. Unternehmensbereiche gehören zahlreiche ISO/IEC Standards bezüglich Sicherheitsmanagements, technischer Sicherheit, Kryptographie und Evaluierung, sowie DIN-Standards bezüglich physischer Sicherheit, unter anderem Brandschutz, Einbruchshemmung und Gehäuse (Bitkom 2009).

Die grundlegenden Standards zum IT-Sicherheits- und Risikomanagement sowie zu relevanten Vorschriften werden in der Tabelle 7 kurz skizziert. Folgend wird dann auf die relevanten ISO und BSI-Standards eingegangen. Ergänzend wird das Rahmenwerk COBIT sowie der bei Abschlussprüfungen relevante Prüfungsstandard des Instituts der Wirtschaftsprüfer (IDW PS 330) und die Grundsätze ordnungsmäßiger Buchführung (IDW RS FAIT 1-3) kurz vorgestellt.

Tabelle 7:   Grundlegende Standards zum IT-Sicherheits- und Risikomanagement (Quelle: Bitkom 2009)

Art des Unternehmens	ISO/IEC 27001	ISO/IEC 27002	ISO/IEC 27006	IT-GS	ISO/IEC 18043	ISO/IEC 15816	ISO/IEC 24762	BS 25777:2008	ISO/IEC 27005	MaRisk BA /MaRisk VA	COBIT	ITIL	IDW PS 330 bzw. IDW RS FAIT 1-3
Banken/Versicherungen	H[15]	H		H	M		M	M	M	H	H	H	
Behörden/Verwaltung	H	H		H	M		M	M	M		H	H	H
Beratung	L	L	M	H	M		H	H	M		H	H	M
HW/SW-Hersteller	M	M		H	M	H	M	M	M		M	H	M
IT-Dienstleister	H	H	L	H	L	H	L	L	L	L	H	H	M
Gesundheitswesen	H	H		H	M		M	M	M		M	H	H
Kanzleien	H	H		H	M		M	M	M		M	L	H
Handwerk und Industrie	M	M		H	M		M	M	M		H	H	H
Dienstleister	M	M		H	M	H	M	M	M		H	H	H
Internat. Ausrichtung	H	H	H	M	H	H	H	H	H		H	H	
Nationale Normungsorganisation									+		+		
Europäische Normungsorganisation													
Internationale Normumgsorganisation	+	+	+		+	+	+		+				
Andere nationalen Regelwerke				+							+	+	+
Quelle des Standards													

---

15 Legende: H = hohe Relevanz (_High_); M = mittlere Relevanz; L = niedrige Relevanz (_Low_). Eisnstufung wurde von den Autoren der Bitkom-Studie festgelegt (vgl. Bitkom 2009).

4.5.1 Standards der ISO und des BSI für Informationssicherheits- und Risikomanagement

Aufgrund der starken Nachfrage nach Rahmenwerken zur Informationssicherheit sind in den letzten Jahren zahlreiche Anleitungen, Standards und nationale Normen zur Informationssicherheit entstanden, neu aufgelegt oder aktualisiert worden.

Das vom BSI veröffentlichte IT-Grundschutzhandbuch liefert Standardsicherheitsmaßnahmen für IT-Systeme mit „normalem" Schutzbedarf (BSI 2005); die BSI-Standards 100-1 bis 100-4 behandeln aktuelle relevante Themen der Informationssicherheit (unter anderem Notfallmanagement, ISMS) im Detail (vgl. Tabelle 8).

Für international ausgerichtete Unternehmen ist es oft von Vorteil, direkt auf die Standards der ISO 2700x-Serie zurückzugreifen. Der internationale Standard ISO /IEC 27000 gibt einen allgemeinen Überblick über Managementsysteme für Informationssicherheit (ISMS) und über die Zusammenhänge der verschiedenen Standards der ISO 2700x-Familie. Hier finden sich außerdem die grundlegenden Prinzipien, Konzepte, Begriffe und Definitionen für Managementsysteme dieser Art.

Der ISO-Standard 27001 „Information technology – Security techniques – Information security management systems requirements specification" ist der Standard zum Informationssicherheitsmanagement, welcher auch eine Zertifizierung ermöglicht. ISO 27001 gibt allgemeine Empfehlungen, welche z.B. im ISO/IEC 27002 konkretisiert werden. Auch die weiteren Standards der ISO 2700x-Serie sollen zum besseren Verständnis und zur praktischen Anwendbarkeit der ISO/IEC 27001 beitragen. Sie beschäftigen sich beispielsweise mit der praktischen Umsetzung der ISO 27001, also der Messbarkeit von Risiken oder mit Methoden zum Risikomanagement (vgl. ISO/IEC 27005).

Die Ausrichtung des ISO 27002 als Zertifizierungs- und Auditierungsstandard wird oft als ein Nachteil gesehen. Die Kritik bezieht sich auf die fehlenden Vorgaben zum „monitoring, metrics and measuring IT controls" (Bejtlich 2004). Diese Defizite werden voraussichtlich durch den angekündigten Standard 27004 ausgeräumt.

Die Normenreihe ISO 2700x wird voraussichtlich aus den ISO-Standards 27000-27019 und 27030-27044 bestehen, welche sich in Vorbereitung befinden. Alle Standards dieser Reihe behandeln verschiedene Aspekte des Sicherheitsmanagements und beziehen sich auf die Anforderungen der ISO 27001.

Tabelle 8:   **Standards mit Bezug zur Informationssicherheits- und zum Not-**
                      fallmanagement etc.

Relevante Standards für Informationssicherheitsmanagement(Auswahl)	
Standard	Wesentliche Inhalte
ISO/IEC 27001 – Information Security Management (ISMS)-Requirements	Dieser Standard ermöglicht die Identifizierung von Sicherheitsschwächen und das Management von IT-Sicherheitsmaßnahmen, sowie deren Bestimmung und Kommunikation. ISO 27001 ist ein Zertifizierungs- und Auditierungsstandard.
ISO/IEC 27002 (früher: ISO 17799) – Security Techniques – Code of Practice for Information Security Management	Bezieht sich auf ISO 27001 und gibt detaillierte Empfehlungen zur Gestaltung und Implementierung des Sicherheitsmanagements. Er umfasst folgende Themengebiete: security policy, organisation of information security, asset management, human resources security, physical and environmental security, communications and operations management, access control, information systems acquisition, development and maintenance, information security incident management, business continuity management (BCM).
ISO/IEC 27005 – „Information security risk management"	Dieser ISO-Standard enthält Rahmenempfehlungen zum Risikomanagement für Informationssicherheit. In dem Standard wird keine spezifische Methode für das Risikomanagement vorgegeben. Unter anderem unterstützt der Standard bei der Umsetzung der Anforderungen aus ISO 27001.
IT-Grundschutz-Kataloge des BSI	Der IT-Grundschutz bietet eine einfache Methode, dem Stand der Technik entsprechende IT-Sicherheitsmaßnahmen zu identifizieren und umzusetzen. Die dazugehörige ISO 27001-Zertifizierung auf der Basis von IT-Grundschutz umfasst sowohl eine Prüfung des Informationssicherheitsmanagements als auch der konkreten IT-Sicherheitsmaßnahmen auf der Basis von IT-Grundschutz. Die Vorgehensweise nach IT-Grundschutz, Ausführungen zum IT-Sicherheitsmanagement und zur Risikoanalyse folgen in den BSI-Standards.
BSI-Standard 100-1: Managementsysteme für Informationssicherheit (ISMS)	Der BSI-Standard 100-1 definiert allgemeine Anforderungen an ein ISMS. Er ist vollständig kompatibel zum ISO-Standard 27001 und berücksichtigt weiterhin die Empfehlungen der anderen ISO-Standards der ISO 2700x-Familie, wie beispielsweise ISO 27002.
BSI-Standard 100-2: IT-Grundschutz-Vorgehensweise	Der Standard 100-2 beschreibt, wie ein Managementsystem für Informationssicherheit in der Praxis aufgebaut und betrieben werden kann. Die Aufgaben des Sicherheitsma-

	nagements und der Aufbau von Organisationsstrukturen für Informationssicherheit sind dabei wichtige Themen. Es werden unter anderem folgende Fragen ausführlich behandelt: Wie kann ein Sicherheitskonzept in der Praxis erstellt werden? Wie können angemessene Sicherheitsmaßnahmen ausgewählt werden? Was ist bei der Umsetzung des Sicherheitskonzeptes zu beachten? Wie kann die Informationssicherheit im laufenden Betrieb aufrechterhalten und verbessert werden?
BSI-Standard 100-3: Risikoanalyse auf der Basis von IT-Grundschutz	Dieser Standard wird verwendet, wenn Unternehmen oder Behörden bereits erfolgreich mit den IT-Grundschutz-Maßnahmen arbeiten und möglichst nahtlos eine Risikoanalyse an die IT-Grundschutz-Analyse anschließen möchten.
BSI-Standard 100-4: Notfall-Management	Mit dem BSI-Standard 100-4 wird ein systematischer Weg aufgezeigt, um bei Notfällen adäquat und effizient reagieren und die wichtigen Geschäftsprozesse schnell wieder aufnehmen zu können.

4.5.2 Control Objectives for Information and Related Technology (COBIT)

Neben dem in diesem Buch oftmals zitierten allgemeingültigen COSO-Rahmenwerk wurden auch speziell auf die Informationstechnologie ausgerichtete Ansätze konzipiert. Um die Lücke zwischen diesen speziellen und allgemeinen Rahmenwerken zu schließen, wurde das Kontrollrahmenwerk COBIT (Control Objectives for Information and Related Technology) entwickelt und im Jahre 1996 erstmalig als Revisionstool von dem internationalen Berufsverband ISACA (Information Systems Audit and Control Association) und dem „IT Governance Institute" (ITGI), veröffentlicht.

COBIT in seiner aktuellen Form (Version 4.1) ist ein Rahmenwerk für das Management, die Überwachung und die Steuerung der IT. Das Rahmenwerk beinhaltet ein Prozessmodell mit generell anwendbaren und international akzeptierten IT-prozessbezogenen Anforderungen (*control objectives*).

Die *control objectives* stellen eine vollständige Gruppe von Anforderungen, sogenannte *high-level requirements*, zur Verfügung, die vom Management für die wirksame Steuerung und Kontrolle von jedem IT-Prozess zu beachten sind (vgl. Tabelle 4). Diese werden mit den verwendeten IT-Ressourcen in den Kategorien Daten, Anwendungen, Technologien, Anlagen und Personal in Zusammenhang gestellt und entlang des Lebenszyklus „Planung & Organisation, Beschaffung & Implementierung, Betrieb & Unterstützung und Überwachung" eingefügt. Diese vier übergeordneten Prozesse sind in insgesamt 34 kritische IT-Prozesse unterteilt, die für ein angemessenes Management der IT ausschlaggebend sind. Durch die Berücksichtigung entsprechender Prozesse und die Festlegung von Kontrollzielen werden die Ziele der Informationssicherheit im Unternehmen systematisch berücksichtigt (vgl. ITGI 2007).

Das Framework enthält Anforderungen an die Geschäftsprozesse in den Kategorien Qualität, Sicherheit und Ordnungsmäßigkeit und in sieben Zielkriterien: Vertraulichkeit, Verfügbarkeit, Integrität, Effektivität, Effizienz, Zuverlässigkeit und Einhaltung rechtlicher Erfordernisse (Compliance).

Die COBIT umfasst eine Sammlung international akzeptierter und allgemein einsetzbarer Kontrollziele. In die aktuelle COBIT 4.1 wurden folgende internationale Standards integriert (vgl. ITGI 2007):

1) Committee of Sponsoring Organizations of the Treadway Commission (COSO):
   – *Internal Control—Integrated Framework*, 1994
   – *Enterprise Risk Management—Integrated Framework*, 2004
2) Office of Government Commerce (OGC®):
   – IT Infrastructure Library® (ITIL®), 1999–2004
3) International Organisation for Standardisation(ISO):
   – ISO/IEC 27000
4) Software Engineering Institute (SEI®):
   – SEI Capability Maturity Model (CMM®), 1993
   – SEI Capability Maturity Model Integration (CMMI®), 2000
5) Project Management Institute (PMI®):
   – *A Guide to the Project Management Body of Knowledge (PMBOK®)*, 2004
6) Information Security Forum (ISF):
   – *The Standard of Good Practice for Information Security*, 2003

Nach COBIT ist keine Zertifizierung in engerem Sinne möglich, die Kriterien werden von vielen Wirtschaftsprüfern im Rahmen von Abschlussprüfungen zur Bewertung und Beurteilung des IT-Kontrollumfeldes eingesetzt. Durch Zielvorgaben ist der Stand der Implementierung überprüfbar. Im Rahmen des zugehörigen Reifegradmodells kann der Fortschritt in der Implementierung gemessen und bewertet werden[16].

4.5.3 Standards und Grundsätze des IDW

Das Institut der Wirtschaftsprüfer in Deutschland e.V. (IDW) gibt den „IDW Prüfungsstandard: Abschlussprüfung bei Einsatz von Informationstechnologie (IDW PS 330)" heraus. Die aktuelle Fassung des IDW PS 330 ist im September 2002 erschienen.

Der Standard dient als Leitfaden für Wirtschaftsprüfer, Revisoren und Auditoren bei der Prüfung rechnungslegungsrelevanter IT-Systeme (zum Beispiel im Rahmen der Abschlussprüfungen). Der Standard legt die Methodik dar, nach der Wirt-

---

16 Ein Beispiel für die Bewertung des Reifegrades eines für Security Compliance relevanten IT-Prozesses wird in dem Abschnitt 7.3.1 beschrieben.

schaftsprüfer im Rahmen der Abschlussprüfungen Systemprüfungen beim Einsatz von Informationstechnologie durchführen.

Die Prüfer bewerten das interne Kontrollsystem auf seine Angemessenheit und Wirksamkeit in Bezug auf inhärente Risiken der rechnungslegungsrelevanten IT-Systeme. Die Bewertung und Beurteilung des IKS bzw. dessen IT-bezogener Teile, erfolgt im Rahmen eines Soll-Ist-Vergleiches. Die Prüfung besteht aus drei Schritten (vgl. Abbildung 3:):

1) Aufnahme des IT-Systems zur Einschätzung des IT-Kontrollsystems,
2) Aufbauprüfung des IT-Kontrollsystems (darunter ist der Abgleich zwischen dem prüferischen Soll-Zustand[17] und dem dokumentierten Ist-Zustand des Unternehmens sowie die Beurteilung der Angemessenheit der personellen, organisatorischen und technischen Maßnahmen zur Beherrschung von Unternehmensrisiken gemeint),
3) Funktionsprüfung des IT-Kontrollsystems (Das Ziel ist der Nachweis der Wirksamkeit der vom Management eingerichteten Kontrollaktivitäten und die kontinuierliche Anwendung von Kontrollen).

Abbildung 3:   Aufbau einer Systemprüfung gemäß IDW PS 330

IDW-Stellungnahmen zur Rechnungslegung konkretisieren relevante Anforderungen bei der Gestaltung einer IT-gestützten Rechnungslegung bzw. des rechnungslegungsrelevanten IT-Systems. Dabei finden die GoB und die darin verankerten Anforderungen an die Sicherheit IT-gestützter Rechnungslegung – die Einhaltung der Archivierungs- und Aufbewahrungsvorschriften inbegriffen – Beachtung:

- IDW RS FAIT 1: Grundsätze ordnungsmäßiger Buchführung bei Einsatz von Informationstechnologie;
- IDW RS FAIT 2: Grundsätze ordnungsmäßiger Buchführung bei Einsatz von Electronic Commerce;
- IDW RS FAIT 3: Grundsätze ordnungsmäßiger Buchführung beim Einsatz elektronischer Archivierungsverfahren.

---

17 Der prüferische Soll-Zustand leitet sich von den relevanten regulatorischen Vorgaben und Standards (zzgl. interner Vorgaben, Verpflichtungen aus Verträgen etc.) ab, vgl. Kapitel 4.

Die IDW-Stellungnahme zur Rechnungslegung „Grundsätze ordnungsmäßiger Buchführung bei Einsatz von Informationstechnologie" (IDW RS FAIT 1) enthält eine weitere Konkretisierung der Anforderungen aus dem HGB und den GoBS an die Führung der Handelsbücher mittels IT-gestützter Systeme. Verwendung findet darin eine weit gefasste Definition der IT-Sicherheit als „Sicherheit der in den IT-Systemen verarbeiteten Daten" unter der Beachtung von Anforderungen an Authentizität, Autorisierung, Vertraulichkeit, Verbindlichkeit, Integrität und Verfügbarkeit. Die IDW RS FAIT 1 ergänzende Stellungnahmen konkretisieren einerseits die Anforderungen des FAIT 1 im Bereich E-Commerce und elektronischer Archivierungssysteme. Andererseits erweitern sie diese um über die IDW RS FAIT 1 hinausgehenden Anforderungen an Systeme der Electronic Commerce, unter anderem die Konzeption eines E-Commerce Systems sowie die Sicherheitsanforderungen auf Ebene der Infrastruktur (IDW RS FAIT 2) und hinreichend sichere Archivierungsverfahren, wie beispielsweise Anforderungen an Autorisierung (IDW RS FAIT 3).

Insgesamt ist festzustellen, dass die Anforderungen an die Wirtschaftsprüfer im Rahmen der gesetzlich vorgeschriebenen Abschlussprüfung im Zuge der Unternehmenszusammenbrüche (gefolgt vom Entstehen vielfältiger neuer gesetzlicher Regelungen in Deutschland und weltweit) gestiegen sind. Die Anforderungen wirken sich über einzelne Prüfungsstandards des IDW indirekt auch auf die Ausgestaltung des IKS und des Risikomanagementsystems in Unternehmen aus.

5 Methodik zur Entwicklung effektiver Metriken

„Nicht die Statistik ist schlecht, sondern die Kenntnis ihrer Methoden ist oft mangelhaft
und ihre Anwendung und Interpretation durch Gruppeninteressen beeinflusst."
(*Hochstädter 1996, 2*)

Der National Institute of Standards and Technology (NIST) identifiziert vier kritische Faktoren, welche bei dem Design und der Implementierung effektiver Metriken eine wesentliche Rolle spielen, darunter die Qualität des Datenmaterials, Relevanz der Metrik für die Unternehmensziele, ihre Überschaubarkeit (*manageability*) und nicht zuletzt die Stakeholder (vgl. Maloney 2009).

1) **Datenqualität:** Analysen und Reports, die anhand von Metriken erstellt werden, sind nur so zuverlässig wie die Qualität des Datenmaterials, das für die Erstellung der Metriken verwendet wird. Hier spielt nicht nur die Art der Datenerhebung eine Rolle (automatisiert oder manuell), sondern auch die Integrität des Datenmaterials sowie Möglichkeit der Validierung von Messungen und Informationen. Standardisierung und Periodisierung der Datenerhebung sind weitere wichtige Aspekte, wenn es um die Datenqualität geht. Im Kapitel 5.2 werden die relevanten Aspekte von Datenerhebung und Messungen erläutert.

2) **Relevanz:** Da die Metriken für Security und Compliance Monitoring sowie die darauf aufbauenden Analysen und Reports keinen Selbstzweck erfüllen, sondern einen Beitrag dazu leisten sollen, die Unternehmensziele zu erreichen, ist eine Ausrichtung der Metriken an den Zielen – also das sogenannte Alignment mit den Zielen – ein kritischer Faktor einer effektiven Metrik. Dies gewährleistet die geeignete Methodik, wie im Kapitel 5.1 vorgeschlagen.

3) **Überschaubarkeit:** Die Überschaubarkeit hängt stark mit dem Faktor "Relevanz" der Metrik zusammen. Nur eine überschaubare Menge an Daten soll für die Metriken gesammelt und nur eine überschaubare Menge an Metriken daraus erstellt werden. Im Hinblick auf Änderungen regulatorischer Vorgaben, interner Ziele und weiterer Verpflichtungen (Verträge mit Dritten etc.) sollen die Metriken im Hinblick auf diese Aktualisierungen revidiert werden (das heißt, dass nicht mehr relevante Metriken entfernt und neue aufgenommen werden). Die Überschaubarkeit der Metriken soll durch entsprechende Aktivitäten in ihrem Lebenszyklus gewährleistet werden, wie im Kapitel 6 vorgeschlagen.

4) **Stakeholder:** Sicherheit und Compliance tangieren viele verschiedene Bereiche und Funktionen im Unternehmen (unter anderem Recht, Compliance, IT, Personal, etc.), interne und externe Gremien sowie interne und externe Prüfer. So ist es wichtig, dass die Metriken alle relevanten Bereiche adressieren – und

nicht, wie es oft in der Praxis der Fall ist, nur Bedürfnisse eines Bereiches abdecken. So können Synergien gefunden und genutzt werden, um effektive – und
auch im Hinblick auf die Kosten – sowie effiziente Metriken zu designen und
zu implementieren[18].

Neben NIST finden sich in den Publikationen der COSO (unter anderem COSO
2007, COSO 1992 etc.) viele Hinweise dazu, was bei einer effektiven Metrik zu
beachten ist. Diese Hinweise gelten nicht nur für die Bereiche Security und Compliance, sondern für das Monitoring insgesamt. Die folgenden Empfehlungen wurden angepasst und erweitert, um die Erstellung von *security compliance metrics* zu
optimieren.

5.1 Goal-Question-Metrics (GQM)

Als Methodik zur Erstellung von Metriken wurde von Basili und Weis (1984) der
sogenannte „Goal-Question-Metrics"-Ansatz entwickelt. Ursprünglich wurde dieser Ansatz bei der Erstellung von Softwaremetriken verwendet. Die im Folgenden
aufgeführten Beispiele zeigen, wie diese Methodik zur Ableitung von Metriken für
Monitoring der Security Compliance eingesetzt werden kann.

Die Ableitung von Metriken beginnt mit der Definition der sogenannten Geschäftsziele und den – daraus resultierenden – Zielen (*goals*) für die Security
Compliance. Daraus werden verschiedene Fragestellungen (*questions*) abgeleitet,
die das Ziel bzw. die Erreichung des Zieles umschreiben. Im letzten Schritt werden
die Fragen analysiert und dabei Metriken definiert, die notwendig wären, um die
Fragen zu beantworten (*metrics*).

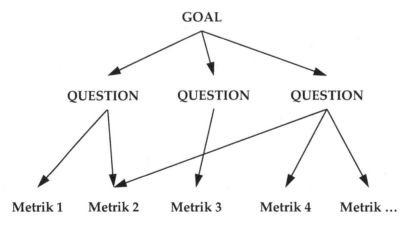

Abbildung 4:   Schematische Darstellung des GQM-Entscheidungsbaumes.

---

18 Dem Thema Reporting ist das Kapitel 7 gewidmet.

Die methodische Vorgehensweise bei dem GQM-Ansatz besteht aus drei Schritten (vgl. Alexandre 2002).

1. Aufstellung der wichtigsten (wesentlichen) Ziele im Bereich Security Compliance.
2. Ableitung von Fragen aus den Zielen. Die Fragen sollen sich auf die wesentlichen Aspekte der Zielerreichung beziehen.
3. Definition der Metriken und Festlegung von Messungen, die notwendig sind, um die Fragestellung aus (2) zu beantworten bzw. die Eigenschaften aus (2) zu beschreiben.

Eine schematische Darstellung des Ansatzes wurde in Abbildung 4 vorgeschlagen.

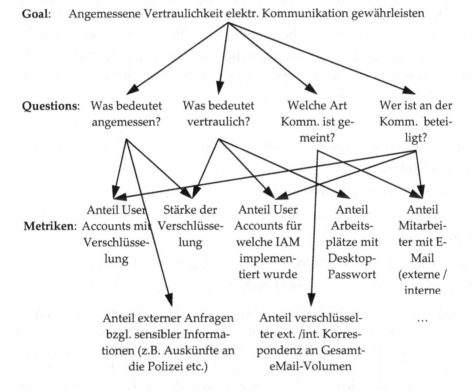

Abbildung 5:   Beispielhafter GQM-Baum

In Abbildung 5 wurde ein Beispiel für die Anwendung des GQM-Models dargestellt. Die Ableitung der Metriken von einem vordefinierten Ziel – in dem Beispiel wird das Ziel „angemessene Vertraulichkeit elektronischer Kommunikation gewährleisten" analysiert – erfolgt entlang eines Entscheidungsbaumes (vgl. Alexandre 2002).

Die Ableitung von Metriken aus den Zielen wird von einer Prüfung der Güte dieser Metriken gefolgt. Dies ergibt sich aus dem Umstand, dass die Metriken unter den folgenden Aspekten beurteilt werden:

- Decken die Metriken die wesentlichen Parameter ab, damit mit ihrer Hilfe festgestellt werden kann, ob die Ziele erreicht werden?
- Steht der Output im direkten Zusammenhang mit der Fragestellung bzw. mit dem übergeordneten Ziel?
- Werden die Ressourcen optimal eingesetzt?

Der theoretische Teil der Beurteilung wird durch einen praktischen Test ergänzt, der die Eignung der Metriken als Instrument des Monitoring bestätigen soll. Dieser Einsatztest ist ein fester Bestandteil des Verfahrens zur Gestaltung der Metriken und wird im Kapitel 6.1 detailliert vorgestellt.

Oft sind bei den Metriken für Security Compliance nicht die Auskünfte zu den Fragen interessant, die den Zustand aus der Perspektive „was haben wir bereits erreicht" beschreiben. Vielmehr sind es die Auskünfte darüber, was noch getan werden muss, welche für die Entscheidungsträger, Prüfer etc. von Interesse sind.

So besteht in dem GQM-Ansatz einerseits die Möglichkeit, mit den Metriken die Fragen (*questions*) direkt zu beantworten, oder sie andererseits als eine Antwort auf eine „Anti-Frage" zu definieren.

Beispiel

Question: Wer ist an der Kommunikation beteiligt?

Metriken (Option 1):

– Anteil User Accounts für welche IAM implementiert wurde;

– Anteil User Accounts mit Verschlüsselung.

Metriken (Option 2):

– Anteil User Accounts, für welche IAM noch nicht implementiert wurde;

– Anteil User Accounts ohne Verschlüsselung.

Wesentlich bei der Darstellung von Ergebnissen im Reporting ist es, eine konsistente Vorgehensweise zu wählen, das heißt entweder zielen die Metriken darauf ab, die Gesamtaussage „das haben wir bereits erreicht" zu validieren und zu visualisieren, oder sie geben Auskunft darüber, „was wir noch erreichen müssen". In Abschnitt 7.3.1 wird anhand eines Beispiels dargestellt, wie eine einheitliche Bewertung unterschiedlicher Fragestellungen mit Hilfe von Zielwerten gesteuert werden kann.

5.2 Datenerhebung und Messungen (Measurements)

Die Aussagekraft einer Metrik hängt im Wesentlichen von der Qualität und Quantität der Messungen bzw. des Datenmaterials ab. Entsprechend hängt ein effektives Monitoring von der Überzeugungskraft der Informationen ab. Informationen sind gemäß COSO (2007) dann "überzeugend" – und verwertbar im Rahmen des Monitoring –, wenn sie angemessen (*suitable*) und ausreichend (*sufficient*) sind.

Der Schlüssel zur Erstellung einer optimalen Metrik sind Messungen, die die folgenden Voraussetzungen erfüllen (vgl. Chapin und Akridge 2005):

- Gemessen werden aussagekräftige bzw. für das Unternehmen bedeutende Werte;
- Messungen sind reproduzierbar;
- Messungen sind objektiv und unparteiisch (*unbiased*);
- Die Messungen stellen den Fortschritt in der Zielrichtung im Zeitablauf dar.

Messergebnisse für die Metriken werden im Rahmen von – passiven oder aktiven – Datenerhebungen gewonnen. Für die Datenerhebung sind Faktoren wie Definition der Messpunkte, Zeitpunkt und Kosten der Erhebung sowie Zuverlässigkeit des Datenmaterials zu berücksichtigen (David und Tsinas 2010). Erhobene Daten werden erfasst, konsolidiert und analysiert.

Man kann vier Phasen bei der Durchführung einer Datenerhebung identifizieren:

1) Vorbereitung und Planung (unter anderem Entwicklung eines sogenannten Messplans),
2) Datenerhebung,
3) Datenaufarbeitung,
4) Analyse des Datenmaterials und Veröffentlichung der Ergebnisse[19].

Durch die Erstellung eines Messplans können Redundanzen (z.B. mehrfache Erfassung eines Messwertes) effektiv vermieden werden.

Exkurs zum Thema „Messen"

In den DIN-Normen wird klar zwischen einer **Messung** und einer Prüfung unterschieden. Der erste Begriff – die Messung – wurde in der Norm DIN 1319-1 definiert und bedeutet „Ermitteln eines Wertes durch quantitativen Vergleich der Messgröße mit einer Einheit (Norm)".

Als **Prüfung** bezeichnet man dagegen eine Tätigkeit wie Messen, Untersuchen, Ausmessen bei einem oder mehreren Merkmalen einer Einheit und Vergleichen der Ergebnisse mit festgelegten Forderungen, um festzustellen, ob Konformität für jedes Merkmal erzielt ist (vgl. DIN 2257-1). Mit dem Prüfen ist immer der Vergleich mit einer Forderung (zum Beispiel mit einem Zielwert) verbunden, die festgelegt oder vereinbart sein kann. Da der Begriff „Prüfung" im Umfeld des internen Kontrollsystems den Aktivitäten interner und externer Revisoren vorbehalten ist, spricht man im Zusammenhang mit einem Vergleich zwischen einer Forderung (Zielwert) und einem Messwert oft von einer **Bewertung**.

---

19 Veröffentlichung der Monitoring-Ergebnisse im Rahmen des Reporting ist das ganze Kapitel 7 gewidmet.

5.2.1 Entwicklung eines „Messplans"

In dem Messplan wird festgehalten, welche Daten wie erfasst werden. Die Auswahl der Messwerte wird durch die Metriken definiert. Folgende Angaben zu den Messungen soll der Messplan für alle Metriken beinhalten:

- Definition der Messung,
- Output der Messung,
- den Zeitpunkt, wann die Messung durchgeführt wird,
- die Methode, die benutzt wird, um die Messung durchzuführen.

Nach diesem Schritt liegen Rohdaten (auch Primärdaten oder Urmaterial genannt) vor.

Mit den Rohdaten können sowohl qualitative als auch quantitative Merkmale erfasst werden. Für die automatisierten Auswertungen sind quantitative Daten geeigneter. Die qualitativen Merkmale werden für die Auswertungen entsprechend transformiert, das heißt in Zahlen ausgedrückt[20]. So wird es oft als Qualitätsmerkmal der Messungen gesehen, wie gut die Eigenschaften der Kontrollen in der IT durch Zahlen ausgedrückt werden können.

Für eine aggregierte Bewertung von Kontrollen lässt sich beispielsweise ein Punktesystem (vgl. Kapitel 6) verwenden, wodurch eine quantitative Gesamtergebnisdarstellung bzw. Darstellung von Abweichung zwischen dem Mess- und Zielwert möglich ist.

Die Messlatte, auf der die Ausprägungen bestimmter Indikatoren abgetragen werden, heißt Skala (Hochstädter 1996). Folgende Skalen können bei den Messungen verwendet werden:

1. Nicht-metrisch:
   - Nominalskala
     Die Zahlen erlauben keinerlei rechnerische Operationen; sie dienen lediglich zur Kodifizierung (Bsp. Funktion CISO = 1; Funktion Systemadministrator = 2; etc.)
   - Ordinalskala
     Die Skala ermöglicht, mit Hilfe von ordinalen Zahlen eine Rangordnung der Objekte aufzustellen. Diese Rangordnung sagt nichts über die Abstände zwischen den einzelnen Objekten aus.
2. Metrisch:
   - Intervallskala
     Die Skala weist gleich große Skalenabschnitte aus.

---

20 Beispielsweise werden verschiedene Funktionen im Unternehmen durch Zahlen vertreten: Funktion CISO = 1; Funktion Systemadministrator = 2; Funktion Incident Manager = 3; etc.

- Verhältnisskala
  Die Skala unterscheidet sich von der Intervallskala dadurch, dass hier zusätzlich ein natürlicher Bezugspunkt existiert.

Die Ergebnisse der Datenerhebung können darüber hinaus als diskrete, stetige oder quasi-stetige Werte vorliegen. Diskrete Werte unterscheiden sich immer um ganze, nicht mehr teilbare Größen (Beispiele: Anzahl User-Accounts pro Mitarbeiter, Sicherheitsvorfälle pro Quartal etc.). Bei stetigen Merkmalen können die Werte in einem gewissen Intervall die Form aller reellen Zahlen annehmen (Beispiele: Betriebsdauer der Server, Ausfallzeiten der Router etc.). Von Mischformen spricht man dann, wenn alle möglichen Werte in einem beschränkten Intervall angenommen werden können.

5.2.2 Qualität der Daten

Angemessenheit (*suitability*) ist ein Indikator für die Qualität der Informationen. Messwerte für die Qualität einer Information sind ihre Relevanz, Zuverlässigkeit und Aktualität (COSO 2007). Eine zuverlässige Information ist präzise (*accurate*), verifizierbar und entstammt einer objektiven Quelle.

Im Hinblick auf die Relevanz sollte zwischen direkten und indirekten Informationen unterschieden werden. "Indirect information is used to identify anomalies that indicate that a control, or a set of controls, may have failed to operate effectively" (COSO 2007, 13) und sie können lediglich dazu verwendet werden, Lücken in den Kontrollen aufzudecken. Zu den indirekten Informationen zählen laut COSO betriebliche Statistiken (*operating statistics*), wesentliche Risikoindikatoren (*key risk indicators*) oder komparative Branchenmetriken (*comparative industry metrics*).

Direkte Informationen ermöglichen dagegen einen sogenannten "unobstructed view" – eine objektive Betrachtung der Kontrollen. Sie werden durch Observation, Wiederholung der Kontrollen oder andere Aktivitäten gewonnen, die eine unmittelbare Bewertung und Beurteilung der Effektivität ermöglichen (ISACA 2010). Im Hinblick auf die Qualität wird eine direkte Information einer indirekten Information vorgezogen. In der Praxis sind oft Mischformen beider Informationsquellen anzutreffen.

Zur Veranschaulichung des Unterschiedes zwischen direkten und indirekten Informationsquellen wurden in der Tabelle 9 zwei sicherheitsrelevante IT-Prozesse im Hinblick auf ihre Verwertbarkeit für das Monitoring bewertet (ISACA 2010).

Tabelle 9:   **Beispiele für direkte und indirekte Informationsquellen**

Informations-quelle	Beschreibung	Einsatz beim Monitoring
Re-Zertifizierung der Zugriffsberechtigungen (direkte Information)	Zum definierten Zeitpunkt wird die Zugriffsberechtigungsübersicht von dem Systemeigner „kontrolliert", das heißt der Ist-Zustand wird mit dem Soll-Zustand verglichen, Abweichungen werden identifiziert. Potenzielle Ausnahmen werden weiterverfolgt und ggf. adressiert.	Die Re-Zertifizierung ist eine Kontrolle, die außerhalb des Verfahrens zur Zugriffsberechtigungsverwaltung durchgeführt wird und dient somit der Überwachung der Effektivität von Zugriffskontrollen.
Security Log Monitoring (indirekte Information)	Die Authentifizierung mit ID, Passwort etc. ist eine der typischen Kontrollen in der IT. Oft werden für bestimmte Ressourcen oder Systeme fehlgeschlagene Versuche zur Authentifizierung geloggt und an die verantwortlichen Mitarbeiter weitergeleitet. Diese werten sie unter dem Gesichtspunkt anormaler Aktivitäten aus.	Informationen über fehlgeschlagene Authentifizierungsversuche bzw. die Ergebnisse der Auswertung dieser stellen nur eine indirekte Information darüber dar, wie effektiv die Sicherheitsmaßnahmen sind.

Die Zuverlässigkeit von Informationen ist ein Indikator für die Solidität der Metrik. Falls eine Metrik nur zu 90% zuverlässig und zu 60% genau (*accurate*) ist, ist sie nicht ausreichend, um die Wirksamkeit kritischer Funktionen und Aktivitäten zu belegen. Weitere, genauere Messungen müssen in diesem Fall ergänzend hinzugezogen werden. Zuverlässigkeit und Genauigkeit der Messungen kann entweder mit Hilfe statistischer Verfahren (Auswertung großer Datenmengen) oder durch Vergleiche historischer Daten mit einer Benchmark überprüft werden (Brotby 2009). Die Bewertung der Güte der verfügbaren Messungen ist ein wichtiger Bestandteil der Tests, die der Effektivitätsanalyse im Prozess der Gestaltung, Implementierung und Aktualisierung von Metriken dienen[21].

Merkmale der Zuverlässigkeit und Genauigkeit der Messungen sind die Konsistenz der Daten und die Wiederholbarkeit der Resultate, die unter anderem durch Tests anhand historischer Daten oder durch Vergleiche der Messwerte untersucht werden können. Dies ist eine einfache, aber wirksame Methode zur Prüfung der

---

21 Vgl. Schritt 6 des Prozesses zur Gestaltung, Implementierung und Aktualisierung der Metriken im Kapitel 6.

Zuverlässigkeit von Messungen und der darauf aufbauenden Metriken: „If every time the fuel gauge shows empty, the vehicle ceases operating, there is a level of assurance of the reliability of the gauge. Conversely, if periodically it shows an amount of fuel when there is none, prudence dictates that some other metric should be used such as dipstick in the gas tank", so Brotby (2009, 153).

5.2.3   Quantität der Daten

Die für Metriken verwertbaren Informationen müssen ausreichend sein, das heißt, sie müssen in ausreichender Menge vorliegen (COSO 2007).

Dabei ist nicht der Umfang der Informationen ausschlaggebend, sondern ihre Angemessenheit. Um ihren Zweck zu erfüllen, sollen die Informationen lediglich in einer ausreichenden Menge verfügbar sein. Dabei gilt der Grundsatz „start small and then scale out" (ITCPG 2010, 25). Eine initiale Befüllung des sogenannten Dashboards (oder einer Managementkonsole[22]) mit Informationen erhebt noch keinen Anspruch auf Vollständigkeit – sie sollte aber unbedingt skalierbar sein, um neue Informationen aufzunehmen und alte, nicht mehr relevante, zu verwerfen.

In der Praxis des Sicherheitsmanagements kann der Überfluss an Informationen tatsächliche Risiken mit sich bringen. Dem Sicherheitsmanager liegen häufig umfangreiche Datenmengen aus zahlreichen Log-Aktivitäten verschiedener Systeme (Firewalls, Proxyserver, Router, Datenbanken, Intrusion Detection Systems, Betriebs- und Zugriffsberechtigungssystemen, etc.) vor – „too much data and not enough actionable information", urteilt ISACA (2010a, 5). Diese Daten haben das Potential, die Entscheidungsfindung optimal zu unterstützen, aber nur dann, wenn sie ausgewertet und analysiert werden und so zu mehrwertbringenden Resultaten führen. Korrelationssysteme wie SIM (*security information management*), SEM (*security event management*), bzw. SIEM (*security information and event management*) helfen dabei, große Datenmengen auszuwerten. Die Nutzung dieser Systeme setzt wiederum voraus, dass bestimmte Korrelationsregeln für die Auswertungen vorbereitet und implementiert werden. Auch hier gilt: Zu viele Regeln verzögern den Rechenprozess und bewirken ineffektive Korrelationsprozesse.

Werden die Daten nicht manuell sondern automatisch ausgewertet, so erfordert dies, dass sie für die Auswertungen in einem einheitlichen Format vorliegen. Zahlreiche Monitoring-Systeme ermöglichen Datenimport mittels Protokollen, API oder anderer Schnittstellen. Andererseits ermöglichen viele Systeme die Erstellung von Logfiles im unformatierten Text-Format, das leicht zu importieren ist. Liegen die Daten in verschiedenen Formaten vor, könnte es ggf. notwendig sein, diese vor der Auswertung und Analyse zu normieren bzw. zu transformieren.

---

22 Managementkonsolen und Dashboards dienen als eine Art „interface" für das Monitoring, die auf Analyse, Reporting und Manipulation des gesammelten Datenmaterials erfolgen kann (ISACA 2010a).

5.2.4   Sammlung von Daten

Die Beschaffung von Daten wird als *Datenerhebung* bezeichnet. Die Grundtechniken der Datengewinnung sind:

- die Befragung,
- die Beobachtung,
- das Experiment[23].

Um eine sinnvolle Auswertung der Daten zu ermöglichen, sollte am Anfang geklärt werden, wie viele Erhebungen dafür nötig sind. (Haase 1998).

Für die Erfassung der Daten können verschiedene Methoden eingesetzt werden. Zu den traditionellen, manuellen Werkzeugen gehören Fragebögen, Interviews, Checklisten oder Datenblätter. Typischerweise stehen für die Dateneingaben Möglichkeiten wie Datenbanken (beispielsweise Access), Tabellenkalkulationen (beispielsweise Excel), Statistikpakete (beispielsweise SPSS) oder Editoren für ASCII-Dateien[24] zur Verfügung. Immer stärker verbreitet sind die sogenannten automatisierten Tools, die eine effiziente Datenerhebung ermöglichen. Logfiles stellen bei den *security compliance metrics* eine besonders wertvolle Quelle von Informationen dar.

Die Art der Datenerhebung ist ein wichtiges Merkmal der sogenannten „Objektivität" der Informationen und folglich ihrer Verlässlichkeit (*reliability*). COSO (2007) nennt zwei Kriterien für objektive Informationen: die Objektivität der am Monitoring beteiligten Personen (vgl. Kapitel 7.2) und die Objektivität der Informationsquelle: „the objectivity of the source of information the degree to which that source can be expected to provide unbiased data for evaluation" (COSO 2007, 15).

Wenn es um die Verlässlichkeit bzw. Objektivität der Informationen geht, wird den direkten, automatisiert gewonnenen Informationen der Vorzug gegeben. Im Zusammenhang mit den automatisierten Monitoring-Tools wird oft vom *ongoing* Monitoring gesprochen. Die Datenerhebung und. die entsprechende Analyse und Auswertung der Metriken kann laufend erfolgen.

Typischerweise ist eine permanente (*ongoing*) Erhebung von Daten und ggf. automatische Auswertung der IT-Kontrollen auf den folgenden Gebieten möglich: Transaktionsdaten, Konfiguration von IT-Systemen und Infrastruktur, Veränderungen (*changes*), Integrität in den Bearbeitungsprozessen (*processing integrity*) sowie Fehlerverwaltung (*error management*). Einige Beispiele für den Einsatz eines automatisierten Monitoring wurden im Kapitel 6.5 aufgeführt. Mit Hilfe von per-

---

23 Datenerhebung im Rahmen von Tests und Experimenten ist insbesondere in den Bereichen Notfallmanagement, Business Continuity Planning und IT Services Continuity Planning verbreitet.

24 Beim Einsatz automatisierter Korrelations- und Auswertungssysteme, wie SIM, SEM oder SIEM, ist das Eingabeformat an den Import-Möglichkeiten der eingesetzten Systeme auszurichten.

manenten, automatisierten Datenerhebungen und Messungen können Auffälligkeiten in Form von lokalen Häufungen fehlerhafter Anmeldungen, Systemanmeldungen in Abwesenheit, Login-Versuche aus bestimmten Adressen etc. festgestellt, dokumentiert und schnell erläutert bzw. behoben werden.

5.2.5 Validierung der Daten und Datenintegrität

Eine ex ante Validierung der Daten (das heißt vor der Auswertung) besteht hauptsächlich aus der Korrektur von Fehlern, die bei der Erhebung, Dateneingabe oder Datentransformation entstanden sein könnten. Oft ist es erforderlich, aus erhobenen Rohdaten neue Variable zu berechnen (zum Beispiel qualitativen Merkmalen Zahlenwerte zuzuordnen). Dabei kann es zu Fehlern kommen, die automatisiert bereinigt werden können (zum Beispiel Suche nach unzulässigen Werten, Prüfung der maximalen und minimalen Werte, Häufigkeitsverteilung etc.)

Für eine Validierung der Daten ex post, beispielsweise im Rahmen eines Audits oder Jahresabschlussprüfung, können von den Prüfern folgende Methoden und Prüfungshandlungen in Betracht gezogen werden (Gaulke 2010):

1. Befragen und bestätigen (*enquire and confirm*)
   - Mitarbeiter befragen
   - Ungewöhnlichen Transaktionen nachgehen
   - Transaktionen durch Abstimmung bestätigen
2. Einsichtnahme bzw. (bei materiellen Assets) Inaugenscheinnahme (*inspect*)
   - Vorhandene Dokumentation würdigen
   - Verarbeitungen von Transaktionen nachverfolgen
   - Systemprotokolle durchsehen
3. Beobachten (*observe*)
4. Tätigkeiten beobachten und das beobachtete Verhalten mit dem erwarteten Verhalten vergleichen
5. Nachvollziehen und/oder Nachkalkulieren (*reperform and/or recalculate*)
   - Eine Tätigkeit oder eine Berechnung nochmals durchführen und das Ergebnis mit dem Ergebnis aus der geprüften Tätigkeit vergleichen
6. Analytische Prüfungshandlungen und Review von automatisiert generierten Prüfungsergebnissen (*review*)
   - Analyse von Daten, die mit Hilfe von Analysetools ausgewertet worden sind.

Die oben genannten Methoden und Handlungen können generell zur Validierung von Daten und Informationen, beispielsweise im Rahmen der Prüfung durch die interne oder externe Revision, verwendet werden.

Für die automatisch erfassten Informationen, wie beispielsweise der Auswertung von *system logs* ist es von Vorteil, die verfügbaren technischen Mittel anzuwenden, um die Integrität des Datenmaterials (das heißt der Rohdaten) für etwaige Nachprüfungen etc. zu gewährleisten. Hierbei können Maßnahmen wie Zeitstempel, Signaturen, Hash-Werte (Quersummen) etc. eingesetzt werden[25].

5.2.6 Archivierung und Ablage der Daten

Eine „angemessene" Dokumentation des Risikomanagements und des IKS, zu der die Unternehmensleitung durch den Gesetzgeber verpflichtet ist, umfasst ebenfalls die Primär- und Sekundärdaten, die beim Monitoring und für die Metriken verwendet werden. Die Archivierung dient somit sowohl dem Ziel, für die Nachprüfung des IKS zur Verfügung zu stehen (vgl. Anforderungen aus den GDPdU), als auch für die Tests von Metrik-Effektivität sowie Bewertung der Zuverlässigkeit (*reliability*) der Daten und Güte der Metrikergebnisse (*accuracy*) zu ermöglichen.

Die Grundsätze zum Datenzugriff und zur Prüfbarkeit digitaler Unterlagen (GDPdU)[26] enthalten Regeln zur Aufbewahrung digitaler Unterlagen und zur Mitwirkungspflicht der Steuerpflichtigen bei Betriebsprüfungen. Erfordert eine Betriebsprüfung den Zugriff auf Daten, die beim Steuerpflichtigen gespeichert sind, kann der Betriebsprüfer laut GDPdU zwischen folgenden drei Arten des Datenzugriffs wählen:

- unmittelbarer Lesezugriff,
- mittelbarer Zugriff über Auswertungen und
- Datenträgerüberlassung in verschiedenen Formaten.

Werden die Daten und Informationen erhoben, die im Zusammenhang mit den Betriebsprüfungen relevant sind (zum Beispiel Steuerdaten), soll dabei eine entsprechende Form für die Speicherung bzw. Aufbewahrung der Daten gewählt und eingesetzt werden. Für die Datenträgerüberlassung sind verschiedene Formate zugelassen[27].

Die Einhaltung dieser Vorschriften ist die Voraussetzung für die Genehmigung der Auslagerung der elektronischen Bücher und sonstigen erforderlichen Unterlagen in das Ausland.

---

25 Für die Archivierung rechnungslegungsrelevanter Daten für etwaige Nachprüfungen durch die externen Prüfer gelten in Deutschland beispielsweise die GDPdU (vgl. Abschnitt 5.2.6).

26 In dieser sogenannten Verwaltungsanweisung des Bundesfinanzministeriums werden in Deutschland bestimmte Rechtsnormen aus der Abgabenordnung und dem Umsatzsteuergesetz zur digitalen Aufbewahrung von Buchhaltungen, Buchungsbelegen und Rechnungen konkretisiert.

27 Mittlerweile gibt es auch eine Empfehlung des Bundesfinanzministeriums für einen entsprechenden Beschreibungsstandard. § 146 Abs. 2b der Abgabenordnung sieht für Unternehmen, die den Anforderungen der GDPdU nicht nachkommen, ein Verzögerungsgeld von EUR 2.500 bis EUR 250.000 vor.

5.2.7 Analyse und Interpretation von Daten

„A measurement, by itself, is not a metric"

(Chapin und Akridge 2005, 1)

Auf die Datenerhebung folgt die Analyse und die Interpretation der Rohdaten (*measurements*), so dass man am Ende dieses Schrittes aufbereitete Daten, sogenannte Sekundärdaten, erhält. Eine alleinige Messung ist noch keine Metrik – obwohl die beiden Begriffe oft in Wechselwirkung verwendet werden. Eine Metrik kann sowohl mit Hilfe von nur einer Messung als auch durch mehrere Messungen (welche beispielsweise entsprechend gewichtet in die Gesamtbewertung einfließen) bewertet werden (vgl. Beispiele in der Abbildung 6 und Abbildung 7).

Metriken, die Aussagen zu bestimmten Fragestellungen gewährleisten und sich an bestimmten Zielen orientieren, werden im Rahmen von Reports für verschiedene Zielgruppen aggregiert (vgl. hierzu Kapitel 7). Induziert ein Metrik-Ergebnis eine potentielle Kontrollschwäche, so ist es wichtig, Ursachenforschung zu betreiben und die Kontrollen, Maßnahmen und Aktivitäten zu identifizieren, die für die Schwäche verantwortlich sind. Dazu können die Beschaffung weiterer Informationen und zusätzliche Messungen notwendig sein. Auf diese Weise ist die Behebung von Schwächen durch entsprechende Maßnahmen möglich. Im Follow-Up der Fehlerbehebung ist eine Untersuchung notwendig um festzustellen, ob die Kontrollschwäche zufällig oder durch eine bestehende Sicherheitslücke verursacht wurde – und ob sie sich ggf. wiederholen kann (Garber 2010).

Eine wichtige Voraussetzung dafür, dass die Metrikergebnisse bewertet und interpretiert werden können, ist das Festlegen der sogenannten *control baseline*. Per Definition kann eine *baseline* ein Wert oder eine Menge von Werten sein, die als logische Basis für die Wertvergleiche dient. Eine *control baseline* wird oftmals nur für die wesentlichen Kontrollen von der Unternehmensführung (bzw. dem Risikomanagement) festgelegt und hängt vom sogenannten Risikoappetit und der Risikotoleranz des Unternehmens ab. Für die Jahresziele und langfristigen Ziele können unterschiedliche *baselines* für Security Compliance festgelegt werden. Im Zusammenhang mit den Metriken entspricht die *control baseline* den festgelegten Zielwerten für die jeweilige Metrik (vgl. Beispiel in der Tabelle 10).

Tabelle 10: Bespiele für Zielwerte bei der Bewertung von Zugriffskontrollen.

Definition der Metrik	Ziel wert	Beobach- teter Wert	Abweichung vom Zielwert
Anteil von inaktiven Benutzerkonten, die in der Berichtsperiode gemäß Vorgaben der Security Policy deaktiviert wurden.	100%	60%	40 Prozent- punkte
Anteil der Benutzerkonten, die aus der Organisation ausgeschieden sind und nicht mehr benötigt werden, sowie in der Be- richtsperiode gemäß Vorgaben der Security Policy deaktiviert wurden.	100%	75%	25 Prozent- punkte
Anteil der Arbeitsplätze, die mit automati- scher Log-out bzw. Session Time-out Funk- tionalität ausgestattet sind.	100%	80%	20 Prozent- punkte

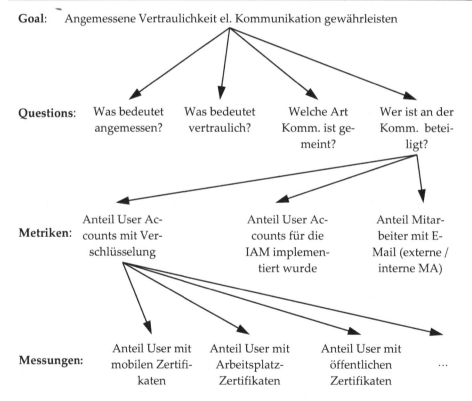

Abbildung 6: Beispiel für die Zuordnung von Messungen zu Metriken (kumuliert nach Art des Zertifikats).

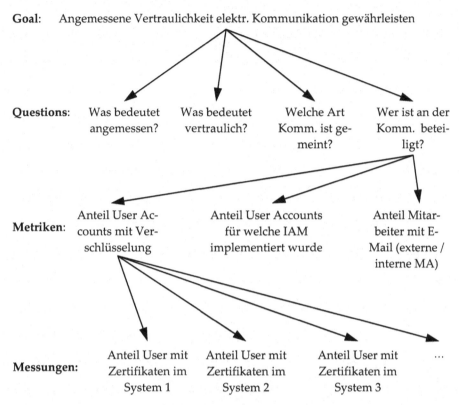

Abbildung 7: **Beispiel für die Zuordnung von Messungen zu Metriken (kumuliert nach Applikationen).**

6 Lebenszyklus einer Metrik

"Compliance is a business process[28] that needs to be managed end to end, not just the implementation of tools to manage point-in-time security risks and other compliance risks. Increasing levels of information security risks that jeopardize the integrity, availability and confidentiality of our data will continue to drive the need for strong evidence that controls are being monitored and risks are being managed."

(Zitiert aus Kissinger, B.C. 2010, S. 3)

Nach Einschätzung von Mehta (2009) entstehen mehr als siebzig Prozent aller Mängel durch das Nichtvorhandensein von standardisierten Prozessen. So ist es auch von Vorteil, das Monitoring von Security Compliance im Rahmen eines kontinuierlichen, standarisierten Prozesses zu implementieren. Im Rahmen eines etablierten Prozesses können die jeweils relevanten Metriken von den Zielen abgeleitet und ggf. aktualisiert werden. Die Metriken, wie dieses Kapitel demonstrieren wird, bilden keine unveränderliche Größe in dem Compliance-Prozess, sondern müssen dazu geeignet sein, sich dem dynamischen Kontrollumfeld des Unternehmens anzupassen. Insbesondere die Änderungen regulatorischer Vorgaben, Änderung oder Neudefinition von Zielen, aber auch jede Aktualisierung des Steuerungssystems (beispielsweise in Folge von Veränderungen in der Aufbau- und Ablauforganisation) führen zu einer Revision bestehender Metriken. Damit sind Ergänzungen und Erweiterungen – aber auch die Entfernung nicht mehr relevanter Metriken – gemeint.

In den folgenden Abschnitten werden die wesentlichen Schritte zur Gestaltung von Monitoring der Kontrollen in der IT vorgestellt. Darauf aufbauend wird ein Prozess zur Gestaltung der IT-Kontrollen in der Finanzberichterstattung beschrieben. Im dritten Schritt wird ein Verfahren zur Erstellung und Aktualisierung von Metriken vorgeschlagen, das im Monitoring-Prozess berücksichtigt werden sollte.

6.1 Prozess zur Implementierung des Monitoring

Externe Audits und Revisionsprüfungen ermöglichen die Bewertung und Beurteilung von IT-Kontrollen zu einem bestimmten Zeitpunkt. Dabei variieren IT-Kontrollen im Zeitverlauf, aber auch zwischen den einzelnen Prüfungen und Audits. Im Hinblick darauf ist das Bild der Wirksamkeit von IT-Kontrollen, das aus den Prüfungen resultiert, nicht vollständig. In vielen Fällen streben die Unterneh-

---

28 In dem Zitat ist die Herstellung bzw. Gewährleistung der Compliance gemeint (also der Prozess) vs. Compliance als Zustand per Definition (vgl. Kapitel 2)

men, die Geschäftsleitungen oder die Regulierer danach, regelmäßig – oder gar ad hoc – den jeweils aktuellen Zustand der IT-Kontrollen abrufen zu können.

Anders als Prüfungen und Audits, erfordert Monitoring laufende Überwachung und Bewertung der Kontrollen (vgl. dazu Kapitel 3.2). Im Gegensatz zu den Prüfungen, die im Rahmen eines für gewöhnlich ein bis drei Jahre umfassenden Prüfungsplanes aufgestellt werden, erfordert das Monitoring eine Planung und eine Implementierung im Rahmen eines Projektes.

Gaber (2010) fasste dieses Projekt in drei einfach nachvollziehbare Schritte zusammen:

1. Risiken priorisieren,

2. wesentliche Kontrollen und Informationen identifizieren,

3. Monitoring implementieren.

Ein Beispiel für eine konkrete Ausgestaltung des Projektes für die Finanzberichterstattung wird im folgenden Kapitel vorgestellt. Generell sollen bei den einzelnen Schritten jedoch immer folgende Aspekte berücksichtigt werden.

Bei der *Risikopriorisierung* ist es wesentlich, den Zusammenhang zwischen den Geschäftsrisiken und den IT-Risiken zu verstehen. IT erfüllt im unternehmensinternen Kontrollumfeld und im Hinblick auf die IT-Compliance zwei Rollen: als Träger von Compliance-Anforderungen (sogenannte „Compliance von IT" oder IT-Compliance) und als Mittel zur Erfüllung von Compliance-Anforderungen (sogenannte „IT-Compliance durch IT"). Beide Aspekte der IT sind bei der Risikobewertung relevant (vgl. Klotz 2010).

Zur Identifizierung wesentlicher Risiken können verschiedene Verfahren und Methoden angewendet werden. Hier reicht das Angebot von den Bottom-up- zu Topdown-Verfahren, Business Impact Analysis und Risk Assessment Tools[29]. Bei der Auswahl geeigneter Methoden sollte bedacht werden, dass die Risikobewertung kein einmaliges Vorhaben ist und oft wiederholt werden muss.

Im zweiten Schritt werden *kritische IT-Kontrollen* und Informationen identifiziert. Für das Monitoring sind gemäß COSO nur wesentliche Kontrollen relevant[30]. IT-Kontrollen weisen prinzipiell zwei maßgebliche Elemente auf: die Automatisierung von Kontrollen mit Hilfe von IT und die Kontrolle der IT selbst (vgl. Frei 2009).

In diesem Prozessschritt soll zugleich festgelegt werden, welche Kontrollen insbesondere im Fokus des Monitoring liegen und verstärkt (zum Beispiel detaillierter als andere Kontrollen) bewertet werden müssen. Ebenfalls sollten die Datenquellen

---

29 Die Verfahren wurden detailliert im Kapitel 3.1 beschrieben.

30 Die Verfahren zur Identifikation wesentlicher IT-Kontrollen wurden im Kapitel 3.1 beschrieben.

(Art der Information, Qualität etc.) für das Monitoring in diesem Prozessschritt festgelegt werden Die wurde bereits in Kapitel 5.2 detailliert beschrieben.

Implementierung des Monitoring umfasst unter anderem

– das Festlegen der Monitoring-Frequenz,

– die Entwicklung angemessener Prozesse sowie

– die Definition der Ziel- und Schwellenwerte für das Monitoring.

COSO gibt dem Monitoring, das auf direkten Informationen basiert, den Vorrang, wenn es um die Effektivität der Bewertung von IT-Kontrollen geht. Oftmals werden auch indirekte Informationen hinzugezogen (beispielsweise *key performance indicators*, KPIs), die zwar keine eindeutigen Aussagen über die Wirksamkeit der Kontrollen zulassen, dafür aber ein hervorragender Indikator dafür sein können, dass die IT-Kontrollen nicht effektiv sind: „If such direct information suggests that the performance objectives are not being met, this may indicate that the related key controls are not functioning effectively" (Garber 2010, 48).

Implementierung des Monitoring bedeutet gleichzeitig Implementierung der Metriken. Prozesse zur Erstellung und Aktualisierung der Metriken, Definition von Metriken und Auswahl geeigneter Datenquellen zur Erfassung dieser, sind wesentliche Bestandteile in diesem, letzten Projektschritt.

6.2 Verfahren zur Gestaltung von IT-Kontrollen

Als Beispiel für die Implementierung des Monitoring von IT-Kontrollen dient das Konzept zur Gestaltung von IT-Kontrollen in der Finanzberichterstattung (vgl. Frei 2009). Das Konzept orientiert sich partiell an bewährten Frameworks wie COSO und COBIT, ohne sich dabei zu stark auf eine einzelne Vorgabe zu fokussieren. Aufgrund der Teilstandardisierung ist gleichzeitig eine gute Vergleichbarkeit der Resultate möglich.

Das Konzept umfasst zwei Bereiche, bestehend aus insgesamt sieben Stufen, wie in der Abbildung 8 dargestellt. Der erste Bereich umfasst Stufen 1 bis 4, darunter:

1. Erarbeitung des initialen Vorgehenskonzepts bzw. der Projektkonzeption,
2. Ermittlung und Beschreibung des Unternehmensumfeldes,
3. Risikobeurteilung (3a) bzw. Design neuer und Beurteilung bestehender IT-Risikokontrollen (3b),
4. Erarbeitung der Optimierungsvorschläge zu der Ausgestaltung der IT-Kontrollen.

Die Maßnahmen, die aus den Optimierungsvorschlägen abgeleitet wurden, werden kategorisiert und priorisiert, bevor weitere Stufen (5 bis 7) im zweiten Bereich erreicht werden.

5. Maßnahmenumsetzung,
6. Testen der operativen Effektivität und der Optimierungsvorschläge,

7.   Maßnahmenumsetzung.

Der zweite Bereich dient der Ergänzung des Konzeptkerns bezüglich der Umsetzung von Maßnahmen, die sich auf die gestalterische und operative Effektivität (*design effecitveness* und *operating effectiveness*) der IT-Kontrollen beziehen.

Der Aufbau des Konzeptes wurde in der 8 detailliert dargestellt. Zum besseren Verständnis des Konzeptes werden hier kurz zwei grundsätzliche Formen beim Vorgehen zur Beurteilung von IT-Kontrollen vorgestellt: Die gestalterische und die operative Effektivität.

Gestalterische Effektivität (*design effectiveness*):

Beurteilung gestalterischer Effektivität umfasst die theoretische Beurteilung der Ausgestaltung von IT-Kontrollen mittels Dokumentation. Dabei steht die Beurteilung der Angemessenheit (hinsichtlich der Ziele, Compliance etc.) der Kontrollen im Fokus. Die Wirksamkeit des IKS kann sowohl von dem Management als auch von unabhängigen Dritten (externen Prüfern etc.) nachvollzogen werden.

Operative Effektivität (*operating effectiveness*):

Die Beurteilung operativer Effektivität umfasst die praktische Beurteilung der IT-Kontrollen. Voraussetzung für die Beurteilung der Wirksamkeit ist, dass die Ausgestaltung der Kontrollen als effektiv erachtet wurde. Im Fokus steht also die Ausführung der Kontrollen. Ihre Effektivität wird mittels geeigneter Maßnahmen (Tests, Monitoring, Wiederholungen etc.) getestet.

Die Konzepte der gestalterischen und operativen Effektivität erinnern in ihrer Auslegung an die Begriffe der Ordnungsmäßigkeit und Wirksamkeit der Kontrollen, welche von dem Institut der Wirtschaftsprüfer (IDW) in den relevanten Prüfungsstandards bevorzugt verwendet werden.

Das Instrumentarium, mit dem die kontinuierliche Abstimmung des Soll-Ist-Zustandes auf den Stufen 5 und 7 erfolgt, sind primär die Metriken (vgl. Abbildung 8)[31]. Operative Metriken ermöglichen eine kontinuierliche Überwachung der operativen Effektivität der Kontrollen in der IT auf Stufe 7. Einerseits ermöglichen die Metriken die Identifizierung des Ist-Zustandes der operativen Effektivität bzw. der Wirksamkeit der IT-Kontrollen. Andererseits kann mit Hilfe von Metriken – genauer gesagt durch Festlegen einer sogenannten *control baseline* oder der Schwellenwerte – der angestrebte Soll-Zustand definiert werden. Strategische und taktische *security compliance metrics* helfen dabei, die effektive Gestaltung der IT-Kontrollen zu überwachen.

---

31 In der Abbildung 8 sind primäre Einsatzbereiche für die Metrik dunkelgraugrau schattiert; sekundäre Einsatzbereiche hellgrau.

Stufe 1
Erarbeitung der Projektkonzeption
- b. Bildung des Projektteams und Zuweisung der Projektfunktionen
- c. Erstellung des Projektzeitplans

Stufe 2
Ermittlung und Beschreibung des Unternehmensumfeldes
- c. Aufnahme der Organisationsstruktur
- d. Inventarisierung der Finanzsysteme und –Applikationen
- e. Aufnahme und Analyse der IT-Finanzprozesse

Stufe 3a	**Stufe 3b**
Risikobeurteilung	**Design neuer und Beurteilung**
IT-Systeme, Infrastruktur,	**bestehender IT-Risiko-**
Schnittstellen	**kontrollen**

Stufe 4
Erarbeitung der Optimierungsvorschläge zur Ausgestaltung der IT-Kontrollen
- a. Soll-Ist-Analyse zwischen der Ausgestaltung der Kontrollen und den Vorgaben
- b. Optimierungsvorschläge inklusive Maßnahmenkategorisierung und -priorisierung

Stufe 5
Maßnahmenumsetzung
- a. Kontinuierliche Abstimmung des Soll-Ist-Zustandes der Gestaltung von IT-Kontrollen

Bei Erreichen des Soll-Zustandes weiter zur Stufe 6

Stufe 6
Testen der operativen Effektivität und Optimierungsvorschläge
Ergebnis: Optimierungsvorschläge inklusive Maßnahmenkategorisierung und -priorisierung

Option b.

Stufe 7
Maßnahmenumsetzung
- a. Kontinuierliche Abstimmung des Soll-Ist-Zustandes der operativen Effektivität von IT-Kontrollen
- b. Erneutes Testen aus Stufe 6

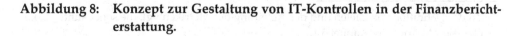

Abbildung 8:   Konzept zur Gestaltung von IT-Kontrollen in der Finanzbericht-erstattung.

Sekundäre Einsatzfelder für die Metriken sind die Stufen 4 und 6 des dargestellten Konzeptes. Sowohl im Rahmen der Soll-Ist-Analyse zwischen der Ausgestaltung der Kontrollen und den Vorgaben als auch beim Testen der Effektivität von auf dieser Grundlage erarbeiteten Optimierungsvorschlägen, können Metriken unterstützend hinzugezogen werden.

6.3 Verfahren zur Gestaltung und Aktualisierung von Metriken

Eine prozessorientierte Herangehensweise an die Implementierung des Monitoring erfordert Gestaltung und Implementierung passender Verfahren für die Metriken, mit deren Hilfe die Überwachung erfolgen soll. Im dynamischen Kontrollumfeld des Unternehmens sollten Metriken regelmäßig im Hinblick auf ihre Aktualität überprüft werden und – sollten die Metriken nicht mehr, oder nicht mehr genau den in den Zielen festgelegten Fragestellungen entsprechen[32] – gegebenenfalls aktualisiert, neu definiert oder entfernt werden.

Das Verfahren zur Implementierung und Betrieb von Metriken besteht aus zwei Teilprozessen:

A. Teilprozess zur Gestaltung und kontinuierlichen Verbesserung bzw. Aktualisierung von Metriken und

B. Teilprozess zum routinemäßigen Einsatz von Metriken im Rahmen der Kontrollen-Überwachung (sogenannter Regelbetrieb).

6.3.1 Teilprozess zum routinemäßigen Einsatz von Metriken (B)

Der Regelbetrieb der Metriken besteht aus einer kontinuierlichen Wiederholung der Prozessschritte: Messung und Bewertung – Identifizierung des Verbesserungspotenzials und der Maßnahmen – Maßnahmenumsetzung – erneute Messung und Bewertung etc. (vgl. Abbildung 9).

Die laufende Überwachung ist Bestandteil des operativen Geschäftsbetriebes. Darüber hinaus werden separate Bewertungen anlassbezogen (beispielsweise bei Veränderungen im ökonomischen Umfeld oder Strategiewechsel), prozessunabhängige und risikobezogene Bewertungen durch die interne Revision sowie sogenannte Self-Assessments durchgeführt (Selbstauskünfte und Überprüfungen als Beleg dafür, dass im eigenen Bereich gemäß der Vorgaben gearbeitet wird). Das Verfahren zum routinemäßigen Einsatz von Metriken (ergänzt um sonstige oben genannte Überwachungsprozesse) soll insgesamt sicherstellen, dass das unternehmensinterne Risikomanagement auf der Basis festgestellter Schwachstellen und Veränderungen im Unternehmen laufend angepasst und weiterentwickelt wird. So kann die Effektivität des Risikomanagements nachhaltig gewährleistet werden.

---

32 Zu der Definition von Zielen und der Ableitung der Metriken vgl. die sogenannte „Goal-Question-Metrics" im Kapitel 5.1.

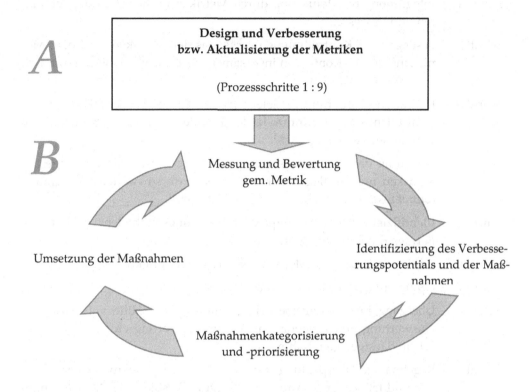

Abbildung 9: Verfahren zur Implementierung und Betrieb von Metriken.

Ähnlich wie beim sogenannten "Black-Box-Voting" haben die Analysen und Ergebnisse der Metrik-Auswertungen nur dann einen Mehrwert für das Unternehmen, wenn diese konkrete Aktionen zur Konsequenz haben. Unternehmensinterne IT-Sicherheit- und -Compliance-Programme sollen reaktionsfähig sein, das heißt, sie sollen so gestaltet werden, dass die sich aus der Metrik-Auswertung ergebenden Verbesserungs- und Optimierungsvorschläge sowie Warnungen und Hinweise schnell umgesetzt werden können. Auch hierfür sollen manuelle und automatisierte Prozesse etabliert, die Verantwortlichen benannt sowie ihre Aufgabenbereiche eingegrenzt werden.

6.3.2 Teilprozess zur Gestaltung und Aktualisierung von Metriken (A)

Laufende Überwachungsaktivitäten mit Hilfe von Metriken sind dann effektiv und effizient, wenn sie immer an aktuellen Vorgaben und Rahmenwerken ausgerichtet sind – sowohl methodisch als auch inhaltlich. Aus Empfehlungen in den aktuellen Standards und Best Practices lassen sich neun wesentliche Schritte als Abfolge zur Gestaltung, Implementierung und Aktualisierung der Metriken (Teilprozess A) ableiten (vgl. Abbildung 10).

Schritt 1:   Integration von Monitoring durch Metriken in die relevanten Verfahren und Prozesse.

Schritt 2:   Festlegen des Kontrollrahmenwerks, das den Metriken (und dem Monitoring von IT-Kontrollen insgesamt) zugrunde gelegt wird (zum Beispiel ISO, COBIT etc.).

Schritt 3:   Definition von Kontrollzielen (*goals*) für die identifizierten IT-Kontrollen (sowie IT-Kontrollziele für andere Kontrollen, bei denen die IT unterstützend eingreift)[33].

Schritt 4:   Ableitung der Metriken, Auswahl der sogenannten Grundmenge der Metriken und Festlegen der Schwellenwerte sowie der sogenannten *control baseline* als Zielwerte für die Metriken[34].

Schritt 5:   Identifizierung der Datenquellen, Erfassungsmethoden[35], Arten und Formen des Reporting[36] etc.

Schritt 6:   Implementierung der Metriken und Test ihrer Effektivität.

Schritt 7:   Optimierung der Metriken nach dem Test.

Schritt 8:   Übergang in den Regelbetrieb: Monitoring mit Hilfe von Metriken, Auswertung von Ergebnissen, Analyse, Reporting etc. gemäß des in Schritt 5 festgelegten Rahmens.

Schritt 9:   Regelmäßige Überprüfung der Aktualität bzw. Effektivität der Metriken und fallbezogene Anpassungen (zum Beispiel im Fall einer Änderung des IKS oder aufgedeckter Kontrollschwächen etc.)

---

33 Der Identifizierung relevanter (wesentlicher) IT-Kontrollen ist das Kapitel 3.1 gewidmet.

34 Der Ableitung von Metriken aus den Zielen dient unter anderem. das Goal-Question-Model (GQM), vgl. Kapitel 5.1.

35 Vgl. dazu Kapitel 5.2.

36 Den Formen und Arten des Reporting ist das Kapitel 7 gewidmet.

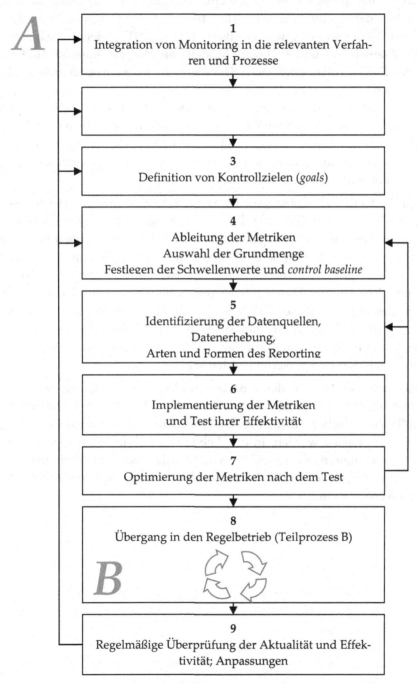

Abbildung 10: Verfahren zum Design und Verbesserung bzw. Aktualisierung der Metriken (Schritte 1 bis 9)

Eine sorgfältige Auswahl des Kontrollrahmenwerkes (im Schritt 2) unterstützt die Verantwortlichen dabei, eine geeignete Klassifizierung der IT-Kontrollen vorzunehmen. Einige Rahmenwerke, wie beispielsweise COBIT[37], bieten ergänzende Governance-, Assessment- und Reifegrad-Modelle an, die die Auswahl und die Bewertung der IT-Kontrollen erleichtern. Die Rahmenwerke adressieren verschiedene regulatorische Anforderungen, Vorgaben und Standards, und ermöglichen so eine effektivere Gestaltung und Implementierung der IT-Kontrollen sowie entsprechender Metriken, als bei Einzelbetrachtung verschiedener Regularien (Maloney 2009). Zusätzlich zu den Rahmenwerken sollen interne Vorgaben, Policies und ggf. die nationale Gesetzgebung hinzugezogen werden, um ein ganzheitliches Kontrollsystem zu etablieren.

Zusätzlich zu der Definition der sogenannten *control baseline* und ggf. der Schwellenwerte für die Metriken (im Schritt 4), sollen auch entsprechende Schwellenwerte für andere eingesetzte Informationsquellen definiert werden. So können indirekte Informationen, wie beispielsweise KPIs hinzugezogen werden, um als Indikatoren für ineffektive Kontrollen zu dienen. Wird beispielsweise die interne Kundenzufriedenheit mit dem Change-Management-Prozess als Performanceindikator gemessen, kann das Ergebnis dieser KPI-Messung als indirekte Information in das Monitoring einfließen. Sinkt das KPI unter den definierten Schwellenwert, ist das möglicherweise ein Indikator für Kontrollschwächen, die durch weitere Messungen überprüft, analysiert und bewertet werden sollen.

Eine wichtige Voraussetzung für den Einsatz von Metriken im Rahmen des Monitoring ist, dass diese als integraler Bestandteil anderer Prozesse zur Herstellung der IT-Compliance, IT-Sicherheitsmanagement bzw. von Verfahren zur Gestaltung von IT-Kontrollen gesehen werden. In der Abbildung 11 wurde beispielhaft dargestellt, wie das (Verfahren) zur Erstellung von Metriken bei dem (Verfahren) zur Gestaltung von IT-Kontrollen in der Finanzberichterstattung aus dem Kapitel 6.2 berücksichtigt werden kann.

---

37 Weitere Quellen: ISO, NIST, Information Security Forum (ISF) oder Institut der Wirtschaftsprüfer (IDW)

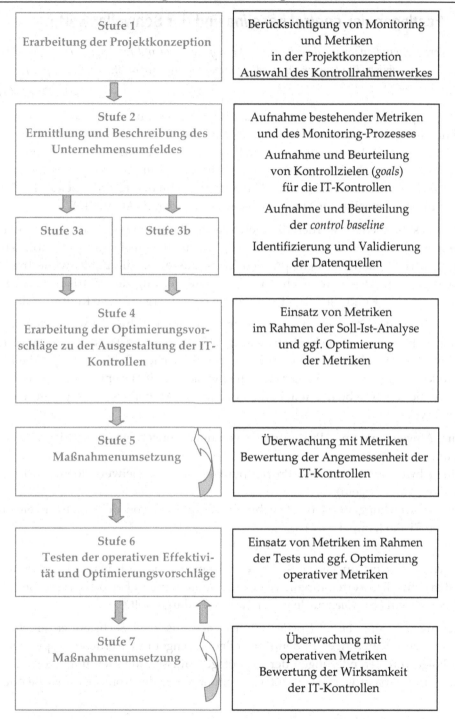

Abbildung 11: Beispielhafter Einsatz von Metriken im Projekt zur Gestaltung von IT-Kontrollen in der Finanzberichterstattung.

6.4 Festlegen der *control baseline* und der Schwellenwerte

„A tolerance window for the deterioration of a key metric or indirect monitoring should be established to trigger the need for direct monitoring or other follow-up action."

(Garber 2010, 48)

Das Konzept einer *control baseline* wurde ursprünglich im Enterprise Risk Management—Integrated Framework der COSO (COSO 2004)[38] eingeführt und bezog sich darauf, eine Art Benchmark für die Kontrollen einzuführen. Erweitert auf die IT-Kontrollen und Monitoring dieser durch Metriken, stellt die *control baseline* eine Menge an Zielwerten dar, die in den Unternehmen von den Kontrollzielen abgeleitet und für jede einzelne der Metriken festgelegt werden (ISACA 2010).

Dort, wo es möglich ist, werden die Zielwerte als Zahlen (absolut oder in Prozent) dargestellt. Dort, wo zu einer Metrik lediglich qualitative Ergebnisse vorliegen, können diese anhand eines entsprechenden Schlüssels in die Zahlenwerte transformiert werden. Dies vereinfacht die Gesamtauswertung der Metriken bezogen auf bestimmte IT-Kontrollen, Kontrollbereiche oder übergeordnete Kontrollziele.

Zusätzlich zu den Zielwerten sollen auch sogenannte Schwellenwerte definiert werden. Schwellenwerte geben vor, welche – festgestellt im Rahmen des Soll-Ist-Vergleiches – Abweichung von dem Zielwert mit welchem Fehlerrisiko für die IT-Kontrolle verbunden ist. Bei einer einfachen Risikoklassifizierung (niedrig – mittel – hoch), die der beliebten Darstellungsform nach „Ampellogik" entspricht, kann beispielsweise

- eine Abweichung um 1 Prozentpunkt von dem Zielwert einem niedrigen Risiko (Ampel = grün),
- eine Abweichung um 2 bis3 Prozentpunkte von dem Zielwert einem mittleren Risiko (Ampel = gelb),
- eine Abweichung um 4 (und mehr) Prozentpunkte von dem Zielwert einem hohen Risiko (Ampel = rot)

entsprechen (vgl. Beispiel in der Tabelle 10).

Eine *control baseline* für eine bestimmte IT-Kontrolle besteht aus den Zielwerten und den Schwellenwerten für alle relevanten Metriken. Ein Beispiel für die Gestaltung einer *control baseline* wurde in der Tabelle 11 dargestellt.

Änderungen in der *control baseline* können sich aus zwei Sachständen ergeben. Erstens, wenn Änderungen in den Kontrollen durchgeführt werden (beispielsweise in Folge von Veränderungen der Risikolage), müssen die Ziel- und Schwellenwerte ggf. angepasst werden. Zweitens, wenn in Folge der Kontrollschwäche oder

---

38 Vgl. dazu auch Appendix D in den "IT Control Objectives for Sarbanes-Oxley" (ITGI 2006).

des Ausfalls der Kontrollen Änderungen vorgenommen werden müssen, die zur Korrektur der *baseline* führen.

Tabelle 11: **Beispiele für die Bewertung von Zugriffskontrollen anhand vordefinierter Schwellenwerte.**

Definition der Metrik	Zielwert	Beobachteter Wert	Abweichung vom Zielwert	Pkt.
Anteil von inaktiven Benutzerkonten, die in der Berichtsperiode gemäß Vorgaben der Security Policy deaktiviert wurden.	100%	60%	40 Prozentpunkte	0
Anzahl der Fälle, bei denen auf die IT und Informationen zugegriffen wurde, ohne dabei die gültigen Routinen zur Identifikation und Authentifizierung durchzugehen.				
Kritische Bestände	0	0		10
Wesentliche Bestände	0	1		0
Normale Bestände	0	2		0
Pro Organisationseinheit, Anteil der IT-Systeme und Informationen, für die Zugriffsrechte und Privilegien definiert wurden.	100%	100%	0 Prozentp.	10
Kritische Bestände	100%	85%	15 Prozentp.	10
Wesentliche Bestände	100%	50%	50 Prozentp.	0
Normale Bestände				

Definition der Schwellenwerte für die Tabelle 11:

- <0; 15> Prozentpunkte = 10 Punkte

- (15; 35) Prozentpunkte = 5 Punkte

- <35; 100> Prozentpunkte = 0 Punkte

- Bei numerischen Werten wird jede Abweichung von der Vorgabe mit 0 Punkten bewertet, die Übereinstimmung mit 10 Punkten (binär).

6.5 Effiziente Metriken

"Senior management is interested in saving time, money and other resources in business processes. Finance and IT management want to know that internal controls under their responsibility are operating effectively at all times", stellte Garber (2010, 49) fest. All diese Interessen auf einen gemeinsamen Nenner zu bringen ist keine triviale Aufgabe. Diese kann jedoch durch die Entwicklung eines effizienten und kosteneffektiven Monitoring-Programms begünstigt werden.

Wichtigste Eckpfeiler eines solchen Programms sind unter anderem die folgenden:

1. Automatisierte IT-Kontrollen sind oft effizienter als manuelle Kontrollen.

   Automatisierte IT-Kontrollen sind oft kostenintensiv bei der Implementierung, gewährleisten dafür nachhaltige Vorteile und langfristige Ersparnisse. Erstens erfordern automatisierte Kontrollen keine ständige Überwachung ihrer Wirksamkeit. Ist diese einmal bestätigt worden (beispielsweise im Rahmen einer Prüfung durch die Revision), so kann angenommen werden, dass die IT-Kontrolle solange wirksam ist, bis sie geändert wird[39] (Garber 2010).

   Eine permanente (*ongoing*) Erhebung von Daten ermöglicht eine automatische Bewertung der IT-Kontrollen. Typischerweise ist die Möglichkeit zur automatischen Erhebung und Auswertung der Daten nur für eine begrenzte Auswahl von IT-Kontrollen möglich, darunter fallen unter anderem die Transaktionsdaten oder das Error Management. Für die Transaktionsdaten kann die automatische Auswertung darin bestehen, die bearbeiteten (oder sich in Bearbeitung befindlichen) Transaktionen mit der *control baseline* zu vergleichen, damit Ausnahmen bzw. Abweichungen von den Kontrollen identifiziert werden können. Beispiele für den Einsatz eines automatisierten permanenten Monitoring wurden in der Tabelle 12 aufgeführt.

   Die Vorteile automatisierter IT-Kontrollen führten Garber (2010, 48) zu der Empfehlung: „wherever possible, monitoring programs should leverage automation".

2. Eine planmäßige, auf kontinuierlicher Verbesserung basierende Implementierung des Monitoring (zum Beispiel im Rahmen eines Projektes, später etabliert als Prozess) ist oft effizienter als ad hoc-Anpassungen bzw. Event-bezogene IT-Compliance (beispielsweise anlässlich der Jahresabschlussprüfung). Die exorbitanten Ausgaben für die IT-Compliance, die in den ersten Jahren nach SOX-Einführung von den Unternehmen genannt wurden, resultierten hauptsächlich aus den Bemühungen, das interne IKS für die Audits durch die Wirtschaftprüfer vorzubereiten – anstelle es entsprechend der Risikositation im Unternehmen zu gestalten (und diese Vorgehensweise für die nachstehenden Prüfungen und Audits entsprechend zu begründen).

3. Auch beim Monitoring mit den Metriken gilt: „weniger ist mehr".

   „By selecting key controls that address risks, management can efficiently focus its limited resources on high-value control activities" – empfiehlt Garber (2010, 46). Wenn für das Unternehmen wesentliche Kontrollen identifiziert wurden, kann durch Bestimmung der Tiefe des Monitoring der Detaillierungsgrad fest-

---

39 Effektive Kontrollen im Rahmen des Change Managements können die Effektivität automatisierter IT-Kontrollen sogar noch weiter gewährleisten, das heißt solange, bis es Zweifel an der Wirksamkeit der Change Management Controls gibt.

gelegt werden. Oft ist es hinreichend, für die Metriken lediglich die bereits vorhandenen indirekten Informationen auszuwerten und nur bei Überschreitung von Schwellenwerten umfangreiche und detaillierte Messungen und Analysen heranzuziehen. In anderen Fällen (beispielsweise bei sogenannten *Stand-alone*-Kontrollen) ist ein sehr hoher Detaillierungsgrad der Informationen und eine aufwändige Analyse notwendig, um über die Wirksamkeit der Kontrollen urteilen zu können.

Über den Detaillierungsgrad bzw. die Tiefe der Metriken kann anhand folgender Kriterien entschieden werden (vgl. Garber 2010):

- Beeinflusst die IT-Kontrolle die Unternehmensziele mittelbar oder unmittelbar?
- Welche Risiken werden durch die Kontrolle adressiert?
- Ist die Kontrolle einfach oder schwierig zu realisieren?
- Mit welchen Kosten ist die Realisierung verbunden?
- Ist die Kontrolle manuell oder automatisiert, detektiv oder präventiv?
- Wie wirksam war die Kontrolle anhand historischer Daten (falls vorhanden)?

Tabelle 12: **Beispiele für den Einsatz des permanenten Monitoring (COSO 2007).**

Datenart	Auswertungsmöglichkeiten
Transaktionsdaten	Automatischer Vergleich der bearbeiteten (oder sich in Bearbeitung befindlichen) Transaktionen mit einer vorbestimmten Gruppe von Zielwerten (definiert zum Beispiel durch die *control baseline*), mit dem Ziel, Ausnahmen bzw. Abweichungen von den Zielwerten zu identifizieren bzw. aufzuspühren.
Konfiguration von IT-Systemen und Infrastruktur	Automatische Auswertung von Parametern bzw. Settings in der Konfiguration durch Vergleich mit der *control baseline* oder festgelegten/definierten (internen) Vorgaben.
Veränderungen (*changes*)	Verifizierung von Veränderungen in kritischen (wesentlichen) Daten, Informationen und anderen Ressourcen mit der Möglichkeit zu prüfen, ob die Veränderungen durch die berechtigten Personen und im zulässigen Umfang erfolgten.
Integrität in den Bearbeitungsprozessen (*processing integrity*)	Prüfung der Vollständigkeit und Richtigkeit der Daten nach dem Durchlauf durch verschiedenen IT-Prozesse und -Systeme.
Fehlerverwaltung (*error management*)	Überwachung der Aktivitäten in den sogenannten Spannungsfeldern (von besonderen Risiken betroffen), typischerweise im Rahmen der IT-Systeme.

Nicht die Quantität der IT-Kontrollen, die beim Monitoring Berücksichtigung finden, ist entscheidend für die Effektivität des Monitoring-Prozesses, sondern ihre Qualität. Wenige aussagekräftige Ergebnisse sind leichter und oft weniger kostenintensiv zu erzeugen als eine unüberschaubare, große Menge an Informationen. Auch bei Metriken können Synergieeffekte erzeugt werden, denn oft zahlen bestimmte Messungen bzw. Datenerhebungen auf mehrere Metriken zugleich ein.

6.6 Effektive Metriken

In dem Verfahren zur Gestaltung und Implementierung von Metriken aus dem Kapitel 6.2 zielen insbesondere die Schritte 6, 7 und 9 darauf ab, die Metriken effektiver zu gestalten.

Falls der Monitoring-Prozess kritisch für das Unternehmen ist, ist es oft notwendig, zusätzliche Kontrollen über den Monitoring-Prozess selbst zu implementieren. So wird sichergestellt, dass die Informationen für das Monitoring richtig erhoben, validiert, analysiert und die Ergebnisse in den Reports korrekt dargestellt werden.

Zu den monitoring-immanenten Kontrollen zählen unter anderem Einsatztests[40] für die Metriken. Der theoretische Teil des Einsatztests besteht aus der Prüfung der Metriken unter den folgenden Aspekten:

- Decken die Metriken die wesentlichen Parameter ab, damit mit ihrer Hilfe festgestellt werden kann, ob die Ziele erreicht werden?

- Steht der Output in direktem Zusammenhang mit der Fragestellung bzw. mit dem übergeordneten Ziel?

Der theoretische Teil der Prüfung wird durch einen praktischen Test ergänzt, der die Eignung der Metriken als Instrument des Monitoring bestätigen soll. Dabei stehen folgende Fragestellungen im Vordergrund (vgl. Garber 2010):

- Prüfung der Effektivität der Metrik: Entsprechen die Messergebnisse den vordefinierten Kriterien, der geforderten Qualität und stehen sie zum geforderten Zeitpunkt zur Verfügung?

- Prüfung der Effizienz der Metrik: Werden die Ressourcen optimal eingesetzt bzw. verwendet?

- Prüfung der Zuverlässigkeit: Entsprechen die Messergebnisse den Definitionen / Spezifikationen?

- Prüfung der Sicherheit: Sind Sicherheit und Vertraulichkeit der Daten gewährleistet?

---

40 Einsatztests sind Tests, die vor dem Produktiveinsatz des Monitoring bzw. der Metriken durchgeführt werden.

- Prüfung der Integrität: Ist die Integrität und Verfügbarkeit der Daten sichergestellt?

- Prüfung der Compliance: Entspricht die Metrik den relevanten Compliance-
  Anforderungen?

Auch nach dem Test und der darauf folgenden Optimierung von Metriken ist eine
laufende Überprüfung ihrer Effektivität im Produktivbetrieb durchaus sinnvoll.
Wie Garber (2010, 49) empfiehlt, "the monitoring process should be regularly re-
viewed to help ensure that the monitoring process and the controls it monitors
continue to operate effectively". Diese Überprüfung kann unter anderem folgende
Bestandteile haben:

- Durchsicht der Ergebnisse (und insbesondere der Abweichungen nach oben
  und unten von dem Zielwert), um die Integrität, Pünktlichkeit und Aktualität
  der Resultate zu gewährleisten. So kann verhindert werden, dass Kontrollschwächen gemeldet werden, welche beispielsweise aufgrund von Änderungen
  in den Geschäftsprozessen keine Schwächen mehr sind.

- Ermittlung der Ursachen für die Kontrollschwächen.

- Weitergabe von Ergebnissen der Metrik-Überprüfung sowie Verbesserungsvorschläge an die Projekteigner, damit entsprechende Korrekturen durchgeführt
  werden können.

Bei den regelmäßigen Überprüfungen der Aktualität der Metriken und der Eignung des Monitoring-Prozesses sollten die Dokumentationsanforderungen nicht
außer Acht gelassen werden. Eine Prozessdokumentation wird als Nachweis für
die angemessene Gestaltung und Implementierung des Monitoring beispielsweise
bei externen Prüfungen benötigt. Damit sie immer dem aktuellen Stand entspricht,
müssen die Aktualisierungen und Änderungen des Prozesses in der Dokumentation entsprechend berücksichtigt werden. „Documentation should be updated and
appropriate personnel notified", fasst Garber (2010, 48) die Anforderungen kurz
zusammen.

**Exkurs zum Thema Prüfung der Effektivität des Monitoring-Prozesses durch
den IT-Auditor**

Die steigende Bedeutung der Monitoring-Prozesse in den Unternehmen hat die
Autoren Ria und Chukwama (2010) dazu veranlasst, die Bewertung und Beurteilung der Effektivität von Monitoring-Prozessen zu einem der „TOP 10 Security and Privacy Topics" für die IT-Auditoren zu erheben.

Die Autoren haben Vorschläge für die Durchführung einer Prüfung der Effektivität von Monitoring-Prozessen für die Auditoren ausgearbeitet. Die Prüfung
besteht im Wesentlichen aus zwei Schritten: der Prüfung der Angemessenheit
des Monitoring- bzw. Logging-Prozesses sowie der Beurteilung der Effektivität
dieser Prozesse im Hinblick auf die Schwerpunkte Datenschutz und Sicherheit.

Für die Prüfung der Angemessenheit des Monitoring stellen die Autoren folgende Anforderungen, die die Auditoren im Rahmen ihrer Prüfungen berücksichtigen sollten:

1. Effektives Monitoring erfordert Planung, damit die Ereignisse berücksichtigt werden, die für das Unternehmen kritisch sind. Diese Ereignisse sollen aufgezeichnet, klassifiziert und priorisiert werden.

2. Die Auswertung der Aufzeichnungen (Logs) soll bestimmten Personen zugeordnet werden.

3. Dort, wo laufendes Monitoring notwendig ist, sollten alle kritischen Ereignisse an einer zentralen Stelle zusammenlaufen (im Optimalfall im sogenannten *security information and event management system*, SIEM). In diesem System werden die Monitoring-Ergebnisse analysiert und ggf. die Alarmierung (*alert*) ausgelöst. Aus diesem System können auch regelmäßig (zum Beispiel täglich, monatlich, etc.) Compliance-Reports oder Testate generiert werden.

4. Im Rahmen des Logging-Prozesses sollten Zugriffe auf kritische Ereignisse, nichtautorisierte Zugriffsversuche, Nutzung, Änderung und Speicherung (auch Erstellen von Kopien) von kritischen Daten identifiziert werden.

Der zweite Teil der Prüfung, der explizit auf die Aspekte Datenschutz und Sicherheit fokussiert ist, bezieht sich auf den Teil des Monitoring, der mit Logging der Zugriffe und Aktivitäten in den kritischen Prozessen und Systemen zusammenhängt.

Die Rolle des Prüfers besteht darin, festzustellen, ob Logging für die kritischen IT-Systeme stattfindet und ihn dort, wo er stattfindet, zu überwachen. Im Überwachungsprozess sollte die Überwachung bestimmten Personen zugeordnet werden. Teil der Prüfung ist es unter anderem festzustellen, ob diese Personen ihren Verpflichtungen nachgehen.

Der Schwerpunkt der Prüfung liegt auf der sogenannten Data Leakage Prevention (DLP). Diese umfasst die Beurteilung, ob die Zugriffsrechte richtig und den richtigen Personen zugeordnet wurden. Ist dies der Fall, wird überprüft, wie die berechtigten Nutzer mit den – oft personenbezogenen und fast immer vertraulichen – Informationen umgehen, konkret also ob:

– die Daten versendet und vor dem Versand verschlüsselt wurden,

– die Daten kopiert wurden (beispielsweise auf USB-Sticks),

– die Daten das Unternehmen auf einem anderen Wege verlassen konnten.

7 Aggregation von Metriken für verschiedene Zielgruppen

*"In an increasingly regulated environment, the ability to demonstrate compliance
day in and day out across the company is a requirement for our continued success.
If we fail to implement effective controls, there can be significant consequences to corporate
performance, reputation and customers. We are moving in a direction to ensure
that adherence to IT standards is an everyday activity, not a once-a-year project."*

(Zitiert aus Kissinger, B.C. 2010, S. 3)

In dem Leitfaden „Monitoring Internal Control Systems" nennt das Committee of
Sponsoring Organisations of the Treadway Commission (COSO 2007) drei Haupt-
merkmale einer Organisation, die die Effektivität und Effizienz des Monitoring
beeinflussen:

1. Das Kontrollumfeld im Unternehmen;
2. die Fähigkeit, die Monitoring-Prozesse in der Organisation entsprechend zu
   priorisieren und die Monitoring-Ressourcen gemäß Risikoniveau einzusetzen;
3. die Kommunikationsstruktur im Unternehmen und die Fähigkeit, die Ergebnisse des Monitoring (inklusive Kontrollschwächen) an die richtigen Personen
   rechtzeitig zu kommunizieren (COSO 2007).

Kommunikation der Monitoring-Ergebnisse – das Festlegen des Empfängerkreises
für das Reporting, Inhalte und Form der Reports, Erscheinungszeitpunkt und Er-
scheinungsfrequenz, etc. – gehören also zu den wesentlichen Erfolgsfaktoren des
Monitoring. Monitoring gilt nämlich nur dann als effektiv, wenn durch die Ergebnisse die *richtigen*, verantwortlichen Personen im Unternehmen *rechtzeitig* erreicht
werden und so gewährleistet wird, dass die notwendigen Verbesserungen des
Kontrollsystems vorgenommen werden. Neben der internen Kommunikation ist
die Kommunikation der Monitoring-Ergebnisse an Dritte – ob nun im Rahmen
regulatorischer Vorgaben, Berichts- bzw. Informationspflichten, oder freiwilliger
Verpflichtungen – nicht minder wichtig. In den folgenden Abschnitten werden die
oben genannten Erfolgsfaktoren erläutert.

7.1 Internes Reporting

Das COSO empfiehlt, die Ergebnisse des Monitoring in erster Linie an die Geschäftsleitung bzw. das Top-Management des Unternehmens zu richten. Die gesetzlichen Regelungen betonen gemeinsam die Verantwortung der Unternehmensleitung für die Einrichtung eines „angemessenen" Überwachungssystems und die
Verpflichtung, die Nachprüfbarkeit des eingerichteten Risikomanagementsystems
und IKS durch eine „angemessene" Dokumentation sicherzustellen. Buderath

(2006) nennt drei interne Überwachungsorgane und Träger der Corporate Governance, die als Adressaten des Reporting in Frage kommen: operatives Management, Controlling und interne Revision (vgl. Abbildung 12).

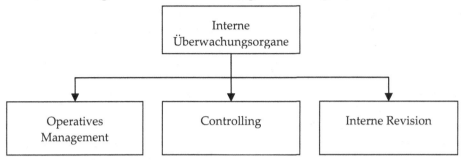

Abbildung 12: Interne Überwachungsorgane und Träger der Corporate Governance.

Bei der Gestaltung des internen Reportings ist es wichtig zu unterscheiden, *welche* Ergebnisse zu welchem Zeitpunkt an *wen* gerichtet werden. Das Reporting, das sich an die Unternehmensleitung richtet, betrifft hauptsächlich Monitoring-Resultate zu den unternehmensübergreifenden Zielen, beispielsweise zu den internen Kontrollen über die Finanzberichterstattung oder Kontrollen von Transaktionen und Arbeitsprozessen, die für die kritischen Assets des Unternehmens (zum Beispiel Umsätze, Kundendaten etc.) wesentlich sind (COSO 2007). Andere Organe und Zielgruppen haben Interesse an anderen Inhalten und Informationen mit entsprechend höherem oder niedrigerem Detaillierungsgrad. Besondere Anforderungen werden an das sogenannte Incident Reporting gestellt: „It is important to identify the appropriate levels of enterprise management that must be informed about the condition or event, the type of corrective action that is or will be taken, and the expected time frame for mitigation" (Garber 2010).

Das „Wann" – die Häufigkeit der Veröffentlichung von Reports – hängt im Wesentlichen von dem Risikogehalt und der Kritikalität der Kontrollen ab. Die Form des Reports richtet sich nach den Bedürfnissen der Zielgruppen. Die Empfänger von Reports unterteilen sich zudem in verschiedene Gruppen, abhängig von den Rollen und Funktionen im Unternehmen.

7.1.1 Adressaten des Reporting

Die Ergebnisse der Reports über den Status Quo von Security Compliance in der IT sind hauptsächlich an zwei unternehmensinterne Empfängergruppen gerichtet:

1. Empfänger innerhalb der IT und

2. Adressaten außerhalb der IT.

Monitoring-Ergebnisse, die an die Empfänger in der IT gerichtet sind, unterscheiden sich in ihrer Form untereinander. Das ist abhängig davon:

– welche Bereiche der IT adressiert werden. Die Bedürfnisse der technischen Bereiche Telekommunikation und Netzwerke, Datenbanken und Systeme, sowie über die Technikgrenzen hinaus (IT-Prozesse, strategische IT-Planung etc.) sind unterschiedlich;

– CIO, CISO oder CSO erwarten besonders aufgearbeitete Ergebnisse, oft mit der Möglichkeit des sogenannten „drill-down", das heißt mit dem Zugriff auf die detaillierten Rohdaten und Metriken, diee die Ergebnisse belegen.

Ein Beispiel für Reports, die im Hinblick auf die Detaillierungstiefe für die Adressaten aus der IT geeignet sind, ist unter anderem das sog. SF-ConCrunch IT-Dashboard (vgl. Abbildung 13). Abhängig von den Rollen und Zuständigkeiten für IT-Systeme, -Prozesse oder -Kontrollen, sind für die Adressaten aus den IT-Bereichen Auswertungen und Analysen nützlich, die sich entsprechend auf die Applikations-, Prozess- oder IT-Kontrollebene (technische Kontrollen und Prozesskontrollen) beziehen. Insbesondere um Schwächen zu identifizieren und geeignete Verbesserungen zu initiieren (zum Beispiel im Rahmen des Patch-Management) sind detaillierte Informationen bezüglich Quellen und Ursachen für die identifizierten Kontrollschwächen notwendig.

Aufgedeckte Kontrollschwächen sollten den Verantwortlichen für die Kontrollen umgehend berichtet werden, so COSO (2007). Dabei empfiehlt COSO, die Monitoring-Ergebnisse an mindestens zwei übereinanderliegenden Hierarchiestufen zu richten, um eine objektive Bewertung der Kritikalität der Kontrollschwächen zu gewährleisten.

Dieses hohe Maß an Detaillierung ist nicht mehr erforderlich, wenn die Reports an die IT-Verantwortlichen im Unternehmen (CIO, CISO oder CSO) gerichtet sind. Hier sind grundsätzliche Aussagen zu dem Zustand der IT-Kontrollen, identifizierten Kontrollschwächen sowie Analysen dieser gefragt. Die Reports reichen von ad hoc Sicherheits- bzw. Incident-Reports bis hin zu regelmäßigen Management Summaries über die IT-Kontrollen (vgl. Abschnitt 7.1.2. bezüglich der Arten des Reporting).

Außerhalb der IT sind Geschäftsfelderverantwortliche, Bereichsleiter, Revisoren und interne Auditoren, Legal Counsel (Chefjurist), Leiter des Personalbereiches, Chief Risk Officer (CRO), Chief Operating Officer (COO) oder Chief Compliance Officer (CCO) typische Empfänger der Reports.

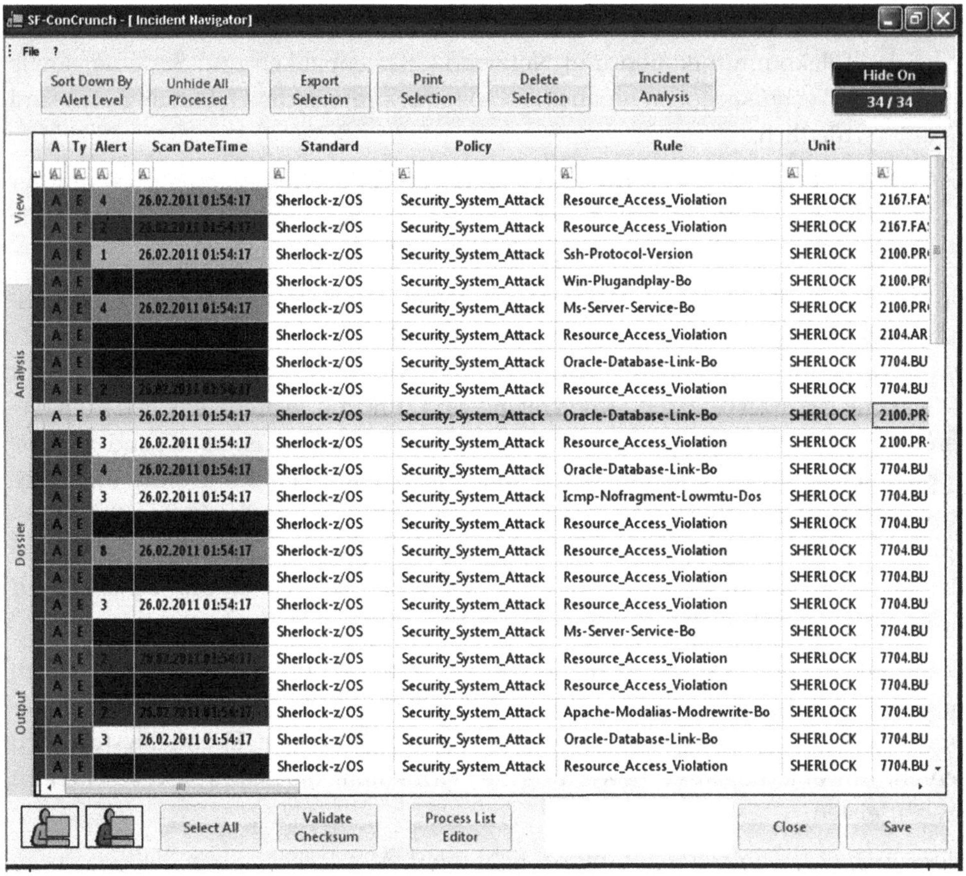

Abbildung 13: SF-ConCrunch Detail View.

In der ITPCG-Studie aus dem Jahr 2010 (ITPCG 2010) wurden die Personen und Funktionen in den Unternehmen identifiziert, die Reports nutzen, um IT-bezogene Risiken zu adressieren. In den sogenannten „best performing organizations", das heißt solchen, bei denen die niedrigsten, auf die IT bezogenen Geschäftsrisiken identifiziert wurden, werden die Reports an folgende Adressaten gerichtet:

- Senior managers
- IT operation managers
- Information security managers
- Risk managers
- Interne Revision / internal Audit
- Compliance Manager und Legal Manager

Im Hinblick auf die Darstellung des Status Quo der Security Compliance unterscheiden sich die Bedürfnisse der oben genannten Adressaten voneinander. Dies liegt daran, dass die oben genannten potentiellen Empfänger im Hinblick auf ihre Rollen und Funktionen die Auswirkung von Risiken bzw. die Kritikalität identifizierter Schwächen unterschiedlich bewerten. In einer aktuellen Studie über die IT-

Risiken empfiehlt die IT Policy Compliance Group als Best Practice, die Bedürfnisse verschiedener Adressaten des Reporting unmittelbar bei der Zielgruppe zu eruieren: "let the users of the information define and drive what's in the displays" (ITPCG 2010, 24-25). Dies gilt insbesondere dort, wo es keine regulatorischen Vorgaben zu den Inhalten und/oder Adressaten der Reports gibt.

Tabelle 13: Die Adressaten von Reports gegliedert nach IT-Risiken (vgl. ITPCG 2010)

	Personen und Funktionen, welche bezüglich des Managements von IT-bezogenen Risiken konsultiert werden	Personen und Funktionen, die Reports nutzen, um IT-bezogenen Risiken zu adressieren (managen)
Best performing organizations (das heißt Organisationen mit niedrigsten IT-bezogenen Geschäftsrisiken)	IT operation managers Interne Revision / internal Audit Business units mangers Legal Manager und financial manager Risk managers und Compliance Manager Information security managers	Senior managers IT operation managers Information security managers Risk managers Interne Revision / internal Audit Compliance Manager und Legal Manager
Average performing organizations (das heißt Organisationen mit durchschnittlichen IT-bezogenen Geschäftsrisiken)	Senior IT managers Legal Manager und financial manager Business units managers	Senior managers IT operation managers Information security managers
Worst performing organizations (das heißt Organisationen mit hohen IT-bezogenen Geschäftsrisiken)	Business units managers	Senior managers

Eine solche regulatorische Vorgabe ergibt sich in Deutschland unter anderem aus dem Aktiengesetz, insbesondere § 91, § 93 für den Vorstand und §116 für den Aufsichtsrat, die geeignete Maßnahmen zu treffen und insbesondere ein Überwachungssystem einzurichten haben, damit Entwicklungen, die den Fortbestand der Gesellschaft gefährden, früh erkannt werden. Dies setzt voraus, dass der Vorstand und der Aufsichtsrat im Rahmen von beispielsweise regelmäßigen Risikoberichten über den Stand des internen Kontrollsystems, Schwächen und relevante Risiken unterrichtet wird.

Nachfolgend werden unterschiedliche aktuelle Arten des Reporting und ihre Charakteristika vorgestellt.

7.1.2 Arten des Reporting

Erst durch die Veröffentlichung eines Reports werden die Risiken im Unternehmen bekannt. In den Reports werden die wesentlichen Ergebnisse, Analysen und ggf. die Verbesserungsvorschläge kommuniziert. Unterschiedliche Adressaten erfordern Arten von Reporting. Auch im Hinblick auf die Zielsetzung des Reporting haben sich im Bereich des Monitoring der Security Compliance verschiedene Formen des Reporting in den Unternehmen etabliert.

Die ITPCG-Studie identifizierte folgende, am häufigsten verwendete und meist verbreitete Formen des Reporting:

1. Business Impact Summary bzw. Management Summary Report,
2. Exception Report,
3. Risk priority reports (Report über Risikoprioritäten),
4. Dashboard Report (mit verschiedenen Ansichtmöglichkeiten und "drill-down"-Optionen),
5. Emergency Email and phone notification systems (Alarmierungssysteme),
6. Written Reports (schriftliche Reports).

Wobei in fast allen Unternehmen Alarmierungssysteme (*notification systems*) und schriftliche Reports (*written reports*) eingesetzt werden, sind es die ersten vier Formen des Reporting-Business Impact Summary, Exception Report, Report über die Risikoprioritäten (*risk priority reports*) und sogenannten Dashboards (bzw. Managementkonsolen), die die "best performer" auszeichnen (ITPCG 2010). In der Tabelle 14 werden die oben genannten Formen des Reporting definiert und charakterisiert.

Die IT Policy Compliance Group identifizierte in ihrer Studie, dass sich die webbasierten Dashboards derzeit der größten Nachfrage seitens der befragten Unternehmen erfreuen, gefolgt von Exception Reports, Alarmierungssystemen, Business Impact Summary und Report über die Risikoprioritäten. Die Liste der nachgefragten Arten des Reporting schließen die schriftlichen Reports ab (ITPCG 2010). Die aktuell stark nachgefragten Managementkonsolen bzw. Dashboards dienen als eine Art „interface", die die Möglichkeit der Analyse, das Monitoring und Reporting sowie Manipulation des gesammelten Datenmaterials (log data aus verschiedenen Systemen: Firewall, Proxyserver, Datenbanken, IDS, Betriebssystemen, Zugriffsberechtigungssystemen, etc.) verfolgen kann (ISACA 2010a).

Tabelle 14: Die Formen des Reporting (Auswahl)

Reporting	Charakteristika
Dashboard Report	Dieses Format umfasst zahlreiche Vorteile gegenüber schriftlichen Reports. Unter anderem ermöglicht es das sogenannte „drill-down-reporting". Diese Funktion ermöglicht es, den Detaillierungsgrad (in der Tiefe, zum Beispiel in der Hierarchie der Ergebnisse; und in der Breite, zum Beispiel Exceptions, Kontrollen, Risikoniveau etc.) zu erhöhen oder zu verringern. Mit den Dashboards können verschiedene Adressaten (in und außerhalb der IT) erreicht werden. Web-dashboards wurde von ITPCG als die von den Unternehmen "most desired" Form des Reporting für die IT-Risiken insgesamt identifiziert. Als Beispiel für die Reportdarstellung aus einem Dashboard dient SF-ConCrunch (vgl.Abbildung 14).
Exception Report	Die Ausnahme ist der Normalzustand, heißt es in der IT. Nach diesem Motto sind die Exception Reports zu einem wichtigen Instrument geworden, mit welchem Risiken und Kontrollen besser gesteuert werden können. Das Reporting über die Exceptions ist in vielen Unternehmen ein fester Bestandteil der Reportingprozesse geworden.
Alarmierungssysteme via Telefon und/oder E-Mail (*notification system*)	Alarmierungssysteme sind nützlich, wenn es um die Bekanntmachung eines Notfalls und die Aktivierung eines Notfall- bzw. Krisenteams geht. Den Systemen wird geringe Bedeutung beigemessen, wenn es um die Steuerung von IT-Kontrollen oder Risiken geht.
Business Impact Summary	Diese Form des Reports wird gerne in Verbindung mit den Dashboards verwendet. Die Summaries können für verschiedene Geschäftseinheiten, Geschäftsfunktionen oder Standorte erstellt werden.
Report über die Risikoprioritäten (*risk priority report*)	Reports bezüglich Risikoprioritäten ermöglichen den Organisationen, sich auf die wesentlichen Risiken zu konzentrieren, kritische Informationen, Prozesse, und IT-Kontrollen zu identifizieren und zu steuern.
Schriftlicher Report (*written report*)	Schriftliche Reports haben gegenüber den elektronischen Versionen einen wesentlichen Nachteil: Sie erreichen die Adressaten selten rechtzeitig. Dies bewirkt, dass die schriftlichen Reports immer stärker zur Dokumentationszwecken genutzt werden, und weniger, um Entscheidungen bezüglich der IT-Kontrollen herbeizuführen.

Die vielseitigen Auswertungs- und Einsatzmöglichkeiten der Dashboards werden von vielen Unternehmen als Vorteil des Instrumentes gesehen. Die Komplexität, die die Dashboards bieten, ist dagegen eine große Herausforderung. Hier geht es nicht darum, alle Funktionalitäten des Tools einzusetzen, sondern die vorhandenen Möglichkeiten mehrwertbringend für das eigene Monitoring und Reporting anzuwenden. Um einen Überschuss an Reports und Informationen sowie lange Implementierungs- und Konfigurationszeiten zu vermeiden, empfiehlt ITPCG (2010, 25) daher „start small and then scale out". Die Problematik liegt bei Übersichtlichkeit und Einfachheit der Reports. Dies erhöht die Transparenz, somit auch die Akzeptanz bei den Empfängern und unterstützt schließlich wirksam die Entscheidungsfindung.

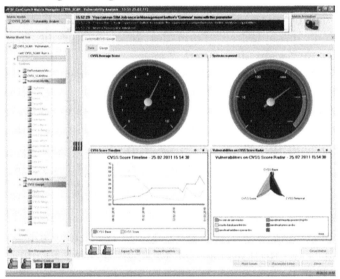

Abbildung 14: Dashboard – Ergebnisansicht im SF-ConCrunch.

7.1.3　Frequenz des Reporting

Sobald es keine (gesetzlich) vorgegebenen Reportingzeiten gibt, kann in dem Unternehmen selbst entschieden werden, mit welcher Häufigkeit über welche Ereignisse berichtet werden soll. Für die optimale Reporting-Frequenz gibt es kein „Non plus ultra", lediglich eine Reihe von Empfehlungen, die sich nach den jeweiligen Gegebenheiten, der Größe und Risikosituation des Unternehmens richten.

COSO (2007) empfiehlt, sich bei dem Ranking aufgedeckter Schwachstellen – die im Wesentlichen die Reaktionsschnelligkeit und somit mittelbar die Reporting-Frequenz bestimmen – an der Eintrittswahrscheinlichkeit (*likelihood*) und Signifikanz (*significance*) zu orientieren. Effektives Monitoring umfasst nämlich nicht nur die zeitnahe Identifikation von Schwächen, sondern auch eine rechtzeitige Kommunikation dieser an die Verantwortlichen.

Die Kontrollschwächen sollten daher anhand Eintrittswahrscheinlichkeit und Signifikanz bewertet werden. Dabei sind auch folgende Aspekte für die Gesamtbewertung relevant:

– Wahrscheinlichkeit, dass durch die aufgedeckte Schwäche die betroffene Kontrolle nicht mehr die relevanten Risiken abdecken kann;

– Verschiedene aufgedeckte Schwächen betreffen die gleiche IT-Kontrolle;

– Existenz kompensierender IT-Kontrollen, die die gleichen Risiken adressieren wie die identifizierte Schwäche;

– Wirksamkeit aller IT-Kontrollen, die das betroffene Risiko adressieren, im Zusammenspiel.

In der Tabelle 15 sind die COSO-Vorschläge für das Ranking von Kontrollschwächen zusammengestellt. Dabei ist es wichtig zu beachten, dass die Definition davon, was beispielsweise eine „hohe" Eintrittswahrscheinlichkeit bedeutet, relativ ist. Das heißt, dass Kontrollschwächen, die für das Reporting eines großen Unternehmens keine hohe Signifikanz oder Eintrittswahrscheinlichkeit haben, für dessen Tochterunternehmen sehr wohl als „hoch" eingestuft werden können. Beim Reporting, das sich an die lokale Geschäftsleitung richtet, stehen lokale Monitoring-Ziele und -Anforderungen im Fokus; beim Reporting der Unternehmensgruppe – die Ziele des Gesamtkonzerns.

Bei der Frage, wie die Kontrollschwächen beseitigt werden sollen, empfiehlt COSO die Abwägung zwischen den Kosten einer Beseitigung der Schwächen (zum Beispiel inklusive der Nebenkosten für Implementierung weiterer Kontrollen) und der Kritikalität der Schwäche (COSO 2007).

Best Practices zeigen, dass die „best performing"-Unternehmen sich durch sehr kurze Zeiten zwischen der Bewertung der Kontrollen (*assessment*) und dem Reporting auszeichnen. Auch zwischen den Reportings, in welchen über die Monitoring-Ergebnisse berichtet wird, liegen relativ kurze Zeitabstände. Unternehmen, die die besten Ergebnisse in der Risikobewältigung erzielen konnten, berichteten wöchentlich bis zweiwöchentlich im Rahmen von Reports. Die Studie ergab, dass die Reporting-Frequenz insgesamt sehr heterogen ist und bis hin zum quartalsweisen Reporting reicht (ITPCG 2010).

Tabelle 15:   **Das Ranking der Kontrollschwächen gemäß der Eintrittswahrscheinlichkeit und der Signifikanz (COSO 2007).**

Kontrollschwächen		
Eintrittswahrscheinlichkeit	Signifikanz	Ranking
Hoch	Hoch	Höchste Priorität: Diese Schwäche erfordert sofortige Aufmerksamkeit.
Niedrig	Hoch	Kurzfristig mittlere bis hohe Priorität: Die Signifikanz der Störungen/Defekte, die durch die identifizierten Schwächen indiziert wurden, erfordert Korrekturen.
Hoch	Niedrig	Langfristig mittlere bis hohe Priorität: Die Kumulation der Störungen/Defekte, die durch die identifizierten Schwächen indiziert wurden, kann zu wesentlichen Problemen führen. Wiederholte Korrekturen beeinflussen die Effizienz der Organisation negativ.
Niedrig	Niedrig	Niedrigste Priorität: Die Störungen/Defekte, die durch die identifizierten Schwächen indiziert wurden, resultieren selten in wesentlichen Problemen.

7.1.4   IT-relevante Inhalte in den Reports

In der ITPCG-Studie wurden die wesentlichen IT-relevanten Inhalte identifiziert, die in den Reports über die IT-Kontrollen Berücksichtigung finden (ITPCG 2010).

Folgende, für die IT-Kontrollen relevanten Inhalte, werden in den sogenannten Management Summary Reports berücksichtigt (in Kategorien aufgeteilt):

1. Geschäftsrisiken (*business risks*), nach folgenden Kriterien

    -   Priorität,
    -   Typ des IT-Assets,
    -   Typ der Kontrollschwäche,
    -   Unternehmensbereich (zum Beispiel Finanzen, Vertrieb etc.),
    -   Geschäftseinheit und Informationswert,
    -   Richtlinien (*policies*), Schwächen oder Ausfälle.
2. Effektivität der IT, darunter

    -   Verfügbarkeit der IT-Services,
    -   Integrität der IT-Assets und Informationen,
    -   Integrität der Finanzdaten und -Systeme,
    -   Integrität der Kundendaten,
    -   Integrität vertraulicher unternehmensinterner Daten,

– Integrität der Prüfungsdaten (*audit data*) und Sicherheitskontrollen.

3. IT-Trends, darunter Neuerungen in

– Bedrohungen für die Internet-Sicherheit (*internet security threats*),
– Risiken und Priorisierung der Risiken,
– Datenverlust, Missbrauch und Diebstahl von Daten,
– IT-Schwachstellen (*vulnerabilities*) und Exploits[41],
– IT-Kontrollschwächen,
– Ausnahmen von der Richtlinie / Policy (*exceptions to policy*).

Die sogenannten Exception Reports umfassen Inhalte, die über die Ausnahmen und Abweichungen von den Richtlinien, Prioritäten und Kontrollen informieren. Darunter finden sich – ohne Anspruch auf Vollständigkeit – folgende Inhalte wieder:

– Ausnahmen von den Richtlinien/Policies und Abläufen (Methoden und Prozessen),
– Ausnahmen von den technischen Standards für IT-Kontrollen,
– Abweichungen von den Policy-Exceptions und -Erlässen,
– Ausnahmen von den regulatorischen und/oder gesetzlichen Vorgaben[42],
– Akzeptanzniveau für die Policy- und Prozess-Exceptions.

Weitere IT-relevante Inhalte, die im Reporting hervorgehoben werden, beziehen sich auf die Aspekte: IT-Kontrollschwächen (*IT control failures*), IT Schwachstellen und Bedrohungen (*IT vulnerabilities and threats*) sowie menschliches Verhalten (*human behaviour*). Die detaillierten Inhalte werden in der Tabelle 16 aufgeführt.

---

41 Programme, die die Schwachstellen in IT-Systemen ausnutzen

42 Exception-Reporting resultiert in vielen Bereichen (wie zum Beispiel bei den Kreditinstituten, der Pharmaindustrie oder dem Gesundheitswesen etc.) aus den regulatorischen Vorgaben selbst, es bestehen Reporting-Pflichten über die Exceptions von den Regelprozessen.

Tabelle 16:   **IT-relevante Inhalte in den Reports und ihre Klassifizierung**

Kategorie	Inhalte	Reportart
Geschäftsrisiken (*business risks*)	Aufgeteilt nach folgenden Kriterien: Priorität, Typ des IT-Assets, Typ der Kontrollschwäche, Unternehmensbereich (zum Beispiel Finanzen, Vertrieb etc.), Geschäftseinheit und Informationswert, Richtlinien (*policies*), Schwächen oder Ausfällen.	Management Summary Report
Effektivität der IT	Verfügbarkeit der IT-Services, Integrität der IT-Assets und Informationen, Integrität der Finanzdaten und -Systeme, Integrität der Kundendaten, Integrität vertraulicher unternehmensinterner Daten, Integrität der Prüfungsdaten (*audit data*) und Sicherheitskontrollen.	
IT-Trends	Neuerungen in: Bedrohungen für die Internet-Sicherheit (internet security threats), Risiken und Priorisierung der Risiken, Datenverlust, Missbrauch und Diebstahl von Daten, IT-Schwachstellen (*vulnerabilities*) und Exploits, IT-Kontrollschwächen, Ausnahmen von der Richtlinie/Policy (*exceptions to policy*).	
Ausnahmen und Abweichungen von den Richtlinien, Prioritäten und Kontrollen	Ausnahmen von den Richtlinien/Policies und Abläufen (Methoden und Prozessen), Ausnahmen von den technischen Standards für IT-Kontrollen, Abweichungen von den Policy-Exceptions und -Erlässen, Ausnahmen von den regulatorischen	Exception Report

	und/oder gesetzlichen Vorgaben, Akzeptanzniveau für die Policy- und Prozess-Exceptions.	
IT-Kontrollschwächen (*IT control failures*) und Risikoakzeptanzniveau	Kontrollschwächen nach Prozessen (Abläufen), Kontrollschwächen nach operativen Geschäftseinheiten, Kontrollschwächen nach Risikoprioritäten, Kontrollschwächen nach Standorten, Kontrollschwächen nach Geschäftsfunktionen, Risikoakzeptanzniveau für die Abweichungen von den IT-Konfigurationsstandards.	Schriftliche Reports oder Dashboards
IT-Schwachstellen und Bedrohungen (*IT vulnerabilities and threats*)	Bedrohungen aus dem Internet, IT-Schwachstellen, Bedrohungen und Exploits, nichtautorisierte Nutzung von Software/Geräten, ausstehende Fehlerbehebungen für die IT-Schwachstellen, ausstehende „IT change orders", nichtautorisierte Benutzerkonten und Änderungen im Berechtigungssystem.	
Menschliches Verhalten (*human behaviour*)	Anteil der geschulten Mitarbeiter, Anteil der Mitarbeiter, die zu den Themen Richtlinien/Policies und Ethik belehrt wurden, Anteil der Mitarbeiter, die zu den Themen Prozesse und Arbeitsabläufe unterrichtet wurden, Prozesskontrollen, mit deren Hilfe Richtlinien sowie regulatorische und gesetzliche Vorgaben abgebildet wurden, Lücken in den Prozesskontrollen sind identifiziert und beseitigt, die Konformität mit den Richtlinien sind dokumentiert und reported.	

Inhalte, die die Reports umfassen, sollen darauf ausgerichtet sein, eine möglichst genaue und aktuelle Bewertung der IT-Kontrollen zu ermöglichen – und dabei transparent und überschaubar zu bleiben. In der Praxis vermitteln die Reports mindestens die folgenden Informationen zu den IT-Kontrollen (ITPCG 2010):

1. Klassifizierung der Informationen und Assets.

2. Identifizierung von IT-Assets, die sensible Informationen verarbeiten.

3. Pflege der Bestandsaufnahme sensibler Informationen und IT-Assets.

4. Verlust (Durchsickern) sensibler Informationen wird verhindert bzw. aufgedeckt.

5. Trennung der Produktions- und Entwicklungsumgebung bei den IT-Systemen.

6. Einsatz von Sicherheitskontrollen zum Schutz sensibler Informationen auf Endgeräten, in Systemen und Netzwerken.

Informationen, die sich an die Geschäftsführung richten, sollen transparent, knapp und präzise sein, um ein möglichst gutes Verständnis dessen zu erreichen, wie die Metrik-Ergebnisse sich auf das Unternehmen und die Stakeholder auswirken. Das Minimum an Informationen, die das Reporting zu jedem gemeldeten Thema (Kontrollschwäche) umfassen soll, sind in der Tabelle 17 aufgeführt (vgl. Garber 2010).

Tabelle 17:   Das Minimum an Informationen im Reporting.

Bezug zum Eintrag (Kontrollschwäche)	Inhalte
Problemdarstellung	Identifizierung des Problems (beispielsweise Kontrollschwäche).
Identifizierung der Ursachen	Beschreibung der ursprünglichen Ursache für die Kontrollschwäche bzw. das Kontrollversagen.
Auswirkung auf die Risikosituation	Beschreibung der Geschäftsrisiken, die durch die Kontrollschwäche verursacht bzw. begünstigt werden können (das Risiko kann beispielsweise eine Verletzung der Compliance mit einem bestimmten Standard oder einer bestimmten Vorgabe sein). Beschreibung der potenziellen Konsequenzen der Kontrollschwäche.
Empfehlungen	Identifizierung notwendiger Maßnahmen zur Behebung der Kontrollschwäche, das heißt was, von wem und bis wann (Implementierungsdeadline) gemacht werden muss. Diskussion potenzieller follow-up-Maßnahmen.

Die Auswahl der IT-Kontrollen, die im Reporting adressiert werden sollen, bleibt den Unternehmen überlassen. Laut COSO (2007), ist es wichtig, dass dabei zumindest die „key controls" beurteilt und bewertet werden[43].

7.2 Externes Reporting

Buderath (2006) nennt folgende externe Überwachungsorgane und Träger der Corporate Governance, die als potentielle Adressaten des externen Reporting in Frage kommen: Aufsichtsrat, Abschlussprüfer, Hauptversammlung und sonstige externe Überwachungsorgane (vgl. Abbildung 15).

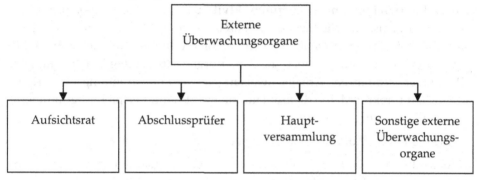

Abbildung 15: Externe Überwachungsorgane und Träger der Corporate Governance.

COSO (2007) unterscheidet zwischen zwei Aspekten im Reporting an externe Dritte:

1. Reporting an Dritte (beispielsweise Behörden, Regulierungsbehörden, Verbände etc.), das aus regulatorischen Vorgaben oder freiwilligen Verpflichtungen resultiert;
2. Verwendung interner Monitoring-Ergebnisse durch Dritte (beispielsweise externe Revisoren, Abschlussprüfer, Wirtschaftsprüfer etc.).

Im ersten Fall – Reporting an Dritte – sind zwei Faktoren wesentlich für den Erfolg. Erstens, sind die Adressaten oft nicht mit dem internen Kontrollsystem, insbesondere mit dem Kontrollumfeld, vertraut. Dies erfordert zusätzliche Informationen zu der Rahmensituation, Ablauf- und Aufbauorganisation und zu den Zielen der Organisation, die in den Reports berücksichtigt werden sollten. Erst auf dieser Basis können sich die externen Adressaten ein Bild von den Kontrollen machen und ggf. bewerten, ob die eingesetzten IT-Kontrollen effektiv sind.

---

43 Die Vorgehensweise zur Identifizierung von „key controls" sowie alternative Methoden zur Auswahl relevanter IT-Kontrollen im Zusammenhang mit dem Monitoring für Security und Compliance in der IT, werden im Kapitel 3.1 vorgestellt.

Bei der Darstellung des internen Kontrollsystems kann auf die Empfehlungen des „COSO-Report" (COSO 2007) zurückgegriffen werden. In dem Hauptbuch „Internal Control – Integrated Framework" werden die zusammenhängenden Komponenten (*components*) eines internen Kontrollsystems definiert, die die Mindestbestandteile des IKS bilden, darunter:

1. Das **interne Kontrollumfeld** (*internal environment*): die Grundhaltung des Unternehmens und das Kontrollbewusstsein der Mitarbeiter (zum Beispiel Integrität, Management- und Führungsstil, Ethik, etc.).

2. **Risikobeurteilung** (*risk assessment*)

3. **Kontrollaktivitäten und Steuerungsaktvitäten** (*control activities*): prozessintegrierte organisatorische Sicherungsmaßnahmen und Kontrollen. Als organisatorische Sicherungsmaßnahmen gelten fehlerverhindernde Maßnahmen, die sowohl in die Aufbau- als auch die Ablauforganisation integriert sein können (Richtlinien, Verfahren, Arbeitsanweisungen, Funktionstrennung etc.). Kontrollen sind direkt in den Arbeitsablauf integriert (zum Beispiel programmierte Plausibilitätsprüfungen in der Software).

4. **Information und Kommunikation** (insbesondere Eskalationswege)

5. **Überwachung** (*monitoring*): laufende Überwachungsaktivitäten sowie prozessunabhängige Überprüfungen.

Aus der Beschreibung einzelner Komponenten kann externen Dritten ein Gesamtbild des IKS vermittelt werden. Das oben genannte Modell bezieht sich auf die gesamte Unternehmensorganisation. Im Fall des Reporting zur Security Compliance steht die Einhaltung aller relevanten Gesetzte, Vorschriften und Regeln im Fokus der Berichterstattung.

Der zweite Erfolgsfaktor beim Reporting an Dritte ist die Häufigkeit der Reports: „regulations may require more-frequent assertions on control effectiveness than management would perform solely for internal purposes" (COSO 2007, 27). Die Frequenz, mit der die externen Reports erstellt werden, orientiert sich entweder an den internen Vorgaben oder an der Branchenbenchmark (beispielsweise Reports an Berufsverbände etc.).

Im Optimalfall sind das Monitoring und die Metriken so definiert, dass sie sowohl das interne als auch das externe Reporting bedienen können. So sind auch regelmäßige Updates der aus regulatorischen und gesetzlichen Vorgaben resultierenden Anforderungen im Lebenszyklus einer Metrik wesentlich für eine effiziente Implementierung des Reporting (vgl. dazu Kapitel 6).

Ebenfalls unter den Effizienzaspekten ist das zweite Einsatzfeld für die Metriken interessant. Die Verwendung interner Monitoring-Ergebnisse durch Dritte, wie Jahresabschluss- oder Wirtschaftsprüfer, kann ggf. zu einer Senkung der Audit-Kosten führen. Dies ist allerdings nur dann der Fall, wenn die Ergebnisse des internen Monitoring zuverlässig und objektiv sind. Die Prüfungsstandards (beispielsweise der Prüfungsstandard IDW PS 880[44], IDW PS 322) räumen den Prüfern die Möglichkeit ein, bei ihren Prüfungen die Ergebnisse sogenannter „Dritter" zu verwenden. Dies allerdings nur unter bestimmten Voraussetzungen.

COSO nennt die sogenannte „Objektivität" der am Monitoring beteiligten Personen als *das entscheidende Kriterium* dafür, ob die Monitoring-Ergebnisse von Dritten, wie Abschluß- oder Wirtschaftsprüfer, verwendet werden. Eine an dem Monitoring-Prozess beteiligte Person gilt nach COSO (2007, 15) als „objektiv", wenn sie die Auswertungen ohne Rücksicht auf potentielle persönliche Konsequenzen durchführen kann und keine Anreize dafür hat, die Informationen zu eigenen Zwecken zu manipulieren. „The personal integrity of people providing information is primary factor in assessing objectivity […]. Other factors include compensation incentives, reporting responsibilities, personal relationships, and the degree to which individuals might be affected by the results of monitoring."

Das Institut der Wirtschaftsprüfer (IDW) stellt – neben der Objektivität – noch weitere Anforderungen an die Verwertung der Arbeit von Sachverständigen durch die Abschlussprüfer. In dem Prüfungsstandard IDW PS 322 – „Verwertung der Arbeit von Sachverständigen" wurden die Voraussetzungen sowie der Umgang mit den Ergebnissen der sogenannten internen „Sachverständigen" zusammengestellt. Falls er seine Ergebnisse verwerten möchte, muss der Abschlussprüfer die Arbeit des Sachverständigen zumindest in wesentlichen Schritten grundsätzlich nachvollziehen können, (IDW PS 322). Voraussetzungen für die Verwertung sind:

– Beurteilung der beruflichen Qualifikation, der fachlichen Kompetenz sowie der Objektivität;

– Beurteilung von Art und Umfang der Tätigkeit der Sachverständigen;

– Beurteilung der Arbeitsergebnisse.

Im Hinblick auf den Umgang mit der Arbeit des Sachverständigen sind – soweit nicht bereits im Prüfungsbericht bei den Festestellungen berücksichtigt – in der Arbeitsdokumentation (Arbeitspapieren) Aufzeichnungen zur Person des Sachverständigen, zu Gegenstand und Umfang der Verwertung und zur Würdigung der Arbeitsergebnisse gemäß IDW PS 322 zu dokumentieren. Im Prüfungsbericht sind Angaben zur Verwertung der Arbeit von Sachverständigen dann erforderlich, wenn sie für die Beurteilung des Abschlussprüfers wesentlich sind (vgl. IDW PS 322). Im Bestätigungsvermerk sind solche Hinweise gemäß IDW PS 322 (24) nicht zulässig, da die Gesamtverantwortung für die Abschlussprüfung bei dem Abschlussprüfer liegt.

Laut COSO (2007) soll genau abgewogen werden, ob die Bemühung um ausschließlich objektive Beteiligte an dem Monitoring-Prozesses (Auswahl, Prüfung, laufende Überprüfung, ggf. Nachweis der Objektivität etc.) und die Verwendung

---

44 IDW PS 880 „Die Prüfung von Softwareprodukten" (Quelle: FN-IDW 5/2010, S. 186 ff.)

von ausschließlich direkten Informationen finanziell weniger aufwändig ist, als wenn die Prüfer die Tests selbst durchführen bzw. nachvollziehen müssen.

7.3 Benchmark

„Maturity level is an important measure when comparing one organization to another. If an organisation's maturity score is 75 percent, would it want to network into another organization whose score is only 25 percent?"

(Chapin und Akridge 2005, 4)

Die Ergebnisse der Bewertung anhand der/von Metriken geben eine Auskunft über den Zustand der IT-Compliance im Unternehmen. In diesem Zusammenhang spricht man oft von der sogenannten Reife bzw. dem Reifegrad (*maturity*).

Die Ermittlung eines Reifegrades kann sowohl im internen als auch externen Umfeld des Unternehmens Vorteile generieren. Der Reifegrad, der durch die Bewertung von Metriken ermittelt wird, hat einen internen Mehrwert für das Unternehmen, falls er folgendes ermöglicht (vgl. Chapin und Akridge (2005), S. 2):

- das Sicherheitsprogramm als ein Gesamtkonzept bzw. Blueprint zu betrachten,

- dem Management klare Hinweise zu geben, in welcher Reihenfolge die Sicherheitselemente implementiert werden sollen.

Extern, beispielsweise im Rahmen des Branchenvergleiches, unterstützt der Reifegrad das Unternehmen dabei, sich an den Best Practices zu orientieren und die IT-Kontrollen zu standardisieren. In vielen Teilaspekten der IT-Compliance ist bereits heute eine Zertifizierung möglich, wie beispielsweise die ISO 27001-Zertifizierung des Sicherheitsmanagementsystems (ISMS) oder ihre nationale Ausprägung, die ISO 27001-Zertifizierung auf der Basis von IT-Grundschutz des BSI. Branchenvergleich und Benchmark können den Unternehmen zusätzlich als Orientierungshilfe bei der Auswahl relevanter regulatorischer Vorgaben und Normen sowie praktischer Implementierung und Einhaltung dieser bei der Herstellung der IT-Compliance dienen.

Zertifizierungen, Branchenvergleiche und Benchmarks, denen bestimmte Bewertungssysteme und Reifegrade, gemessen auf Grundlage unter anderem von Metriken zugrunde liegen, geben den Unternehmen – der Unternehmensleitung, den Share- und Stakeholdern und den Überwachungsorganen – eine relative Sicherheit, eine angemessene Vorsorge getroffen zu haben, um ihre kritischen Assets, bzw. sensible und personenbezogene Informationen zu schützen und die Risiken zu minimieren. Gleichwohl gibt die Einhaltung relevanter Vorgaben keine Sicherheit dafür, dass keine den Fortbestand des Unternehmens gefährdenden Ereignisse mehr auftreten können. Mit der Non-Compliance und der Eintrittswahrscheinlichkeit eines Unternehmenszusammenbruches besteht ein ähnlicher Zusammenhang wie zwischen dem sogenannten Hindenburg-Omen als Indikator von Börsenkrisen und einem Börsenkrach. Die Nichteinhaltung regulatorischer Vorgaben und Normen gilt als Vorbote für potenzielle Krisen und weckt deshalb erhöhte Aufmerksamkeit der Überwachungsgremien.

Internationale Standards, wie zum Beispiel COBIT, helfen dabei, einen Reifegrad für verschiedene IT-Prozesse – unter anderem für die IT-Compliance, IT-Governance oder Monitoring und Evaluierung interner Kontrollen – festzulegen. Objektive Bewertungskriterien, die der Ermittlung des Reifegrades zu Grunde liegen, bilden eine gute Basis dafür, branchenweit oder gar unternehmensübergreifend vergleichbare Werte zu erzeugen. Der Weg zur Ermittlung des Reifegrades mit Hilfe von COBIT maturity model (CMM) wird im folgenden Abschnitt kurz skizziert.

Exkurs zum Thema Hindenburg-Omen

Verhängnisvolle Folgen vergangener Börsenkrisen haben Begehrlichkeiten geweckt, ein ultimatives Instrument oder einen Indikator zu entwickeln, der als Vorbote solcher Krisen anwendbar wäre. Das sogenannte Hindenburg-Omen – benannt nach dem deutschen Zeppelin „Hindenburg", der im Jahr 1937 bei New York in Flammen aufging – gilt als das technische Signal und Vorbote heftiger Kursabstürze.

Die sich nähernde Börsenkrise wird anhand folgender fünf Kriterien zur Erfüllung des Hindenburg-Omens festgemacht:

1. Die Zahl der Aktien, die neue 52-Wochen-Höchststände erreichen, übersteigt 2,2 % aller Aktien, die an der New York Stock Exchange (NYSE) gehandelt werden. Gleiches gilt für die Zahl der Aktien, die neue 52-Wochen-Tiefstände markieren;
2. Die kleinere der beiden Zahlen liegt mindestens bei 69;
3. Die Zahl der Aktien auf 52-Wochen-Hoch liegt maximal doppelt so hoch wie die der Aktien auf 52-Wochen-Tief;
4. Der gleitende 10-Wochen-Durchschnitt des NYSE Composite Index steigt;
5. Der NYSE McClellan Oszillator (ein Momentum-Indikator) zeigt nach unten.

Das einmalige Auftreten des Omens reicht aber nicht aus, um eine Krise vorherzusagen. Um das technische Bild zu bestätigen, müssten innerhalb von 36 Tagen erneut alle fünf Kriterien erfüllt sein.

Auch wenn alle Kriterien erfüllt sind, steht der Kursabsturz immer noch nicht endgültig fest. Das Auftreten eines Hindenburg-Omens verurteilt den Aktienmarkt jedoch nicht in jedem Fall zu einer Abwärtsbewegung – Fehlsignale sind möglich. Denn das Hinderburg-Omen ist ein Indikator für mögliche Kursabstürze – keine Voraussetzung dafür. Da es in den vergangenen Jahrzehnten keinen Börsenabsturz gab, dem nicht ein Hindenburg-Omen vorausging, nimmt man die Signale dieses Omens sehr ernst – das Risiko in Kauf nehmend, dass es sich dabei auch um ein Fehlsignal handeln könnte.

7.3.1   Bestimmung der IT-Compliance Reife mit COBIT

In einem Fallbeispiel stellte Rafeq (2010) vor, wie COBIT zur Bewertung der IT-Prozessreife verwendet werden kann. Eine ähnliche Vorgehensweise kann genutzt werden, um die Reife der IT-Compliance, der Informationssicherheit, des kontinuierlichen IT-Betriebes oder des Monitoring und der Evaluierung interner Kontrollen im Unternehmen zu bestimmen.

Die Reifegrade für die oben genannten Control Objectives wurden im COBIT 4.1 definiert und bilden insgesamt das sogenannte COBIT maturity model (CMM). Den Mitgliedern der ISACA steht kostenfrei das Maturity Assessment Tool „Implementing and Continually Improving IT Governance" zur Verfügung[45], mit dem die Reife aller IT-Prozesse im Unternehmen bewertet sowie die Abweichung zwischen den als Ziele gesetzten und tatsächlichen Reifegraden berechnet werden kann. So können Bereiche, in denen Compliance-Aktivitäten verstärkt werden sollen, schnell identifiziert werden. Zugleich können die Fortschritte bei der Erreichung gesetzter Ziele verfolgt und dokumentiert werden. Das Tool ermöglicht die Erstellung von Reports, die für ausgewählte Kontrollen und Prozesse die Ergebnisse des Soll-Ist-Vergleiches mit Hilfe von Spinnendiagramm visualisieren (vgl. Kapitel 8.1).

Nachfolgend wird die Bewertung des Reifegrades für den Prozess ME3 *Ensure Regulatory Compliance* (stelle Compliance mit Vorgaben sicher) beispielhaft vorgestellt. Die möglichen Reifegrade, beginnend mit „nicht existent" (niedrigster Reifegrad) und endend mit „optimiert" (höchster Reifegrad) wurden in der Tabelle 18 dargestellt (vgl. COBIT 4.0 von ITGI und ISACA Switzerland Chapter 2009).

Tabelle 18:   Das Maturity Model für IT-Prozess ME3

Reifegrad	Beschreibung
0 *Non-existent* (nicht existent)	Es ist nur ein geringes Bewusstsein für externe Anforderungen vorhanden, die die IT beeinflussen. Ein Prozess zur Einhaltung von regulatorischen, rechtlichen und vertraglichen Anforderungen ist nicht etabliert.
1 *Initial* (initial)	Ein Bewusstsein für regulatorische, vertragliche und rechtliche Compliance-Anforderungen mit Relevanz für das Unternehmen ist vorhanden. Informelle Prozesse zur Aufrechterhaltung der Compliance werden befolgt – jedoch nur dann, wenn sich die Notwendigkeit innerhalb neuer Projekte oder als Folge von Audits oder Reviews ergibt.

---

45 Das Tool kann im Mitgliederbereich des Internet-Auftritts http://www.isaca.org heruntergeladen werden.

Reifegrad	Beschreibung
2 *Repeatable but Intuitive* (wiederholbar aber intuitiv)	Für die Notwendigkeit, externe Anforderungen zu erfüllen, ist Verständnis vorhanden; die Notwendigkeit ist kommuniziert. In Bereichen, in denen Compliance eine periodisch wiederkehrende Anforderung darstellt – wie finanz- oder datenschutzrechtliche Gesetzgebung –, wurden individuelle Compliance-Verfahren entwickelt, die auf jährlicher Basis befolgt werden. Ein standardisierter Ansatz besteht jedoch nicht. Man verlässt sich in hohem Maße auf das Wissen und die Verantwortung von Einzelpersonen, und Fehler sind wahrscheinlich. Schulungen bezüglich externer Anforderungen und Compliance-Themen werden informell durchgeführt.
3 *Defined* (definiert)	Richtlinien, Verfahren und Prozesse sind entwickelt, dokumentiert und kommuniziert worden, um die Einhaltung von Richtlinien, vertraglichen oder rechtlichen Verpflichtungen sicherzustellen. Diese werden noch nicht konsequent befolgt, sie werden nicht aktualisiert oder sind nicht implementierbar. Eine Überwachung wird nur in geringem Umfang betrieben; teilweise bestehen Compliance-Anforderungen, die nicht adressiert wurden. Schulungen in externen rechtlichen und regulatorischen Anforderungen mit Einfluss auf das Unternehmen und die definierten Compliance-Prozesse werden angeboten. Standard- (*pro forma-*) Verträge und Rechtswege zur Minimierung von Risiken, die sich aus vertraglichen Haftungspflichten ergeben, sind vorhanden.
4 *Managed and measurable* (gemanaged und messbar)	Auf allen Ebenen besteht ein umfassendes Verständnis für Sachverhalte und Gefahren in Zusammenhang mit externen Anforderungen sowie für die Notwendigkeit, Compliance sicherzustellen. Durch ein formelles Schulungsprogramm wird sichergestellt, dass sich sämtliche Mitarber ihrer Compliance-Verpflichtungen bewusst sind. Verantwortlichkeiten sind klar; Prozessverantwortlichkeiten sind verstanden. Der Prozess beinhaltet einen Review des Umfelds, um externe Anforderungen und laufende Veränderungen zu identifizieren. Mechanismen zur Überwachung der Non-Compliance mit externen Anforderungen sind im Einsatz, die interne Praktiken sowie die Implementierung korrigierende Handlungen erzwingen. Die Ursachen von Non-Compliance-Sachverhalten werden mit dem Ziel, nachhaltige Lösungen zu identifizieren, in standardisierter Weise analysiert. Standardisierte interne Good Practices werden für spezielle Bedürfnisse wie laufende Regulierungen und wiederkehrende Serviceverträge angewendet.

Reifegrad	Beschreibung
5 *Optimised* (optimiert)	Ein wohl-organisierter, effizienter und erzwungener Prozess zur Einhaltung externer Anforderungen ist vorhanden und basiert auf einer einzelnen zentralen Funktion, die dem gesamten Unternehmen zur Anleitung und Koordination zur Verfügung stellt. Ausgeprägtes Wissen über anzuwendende externe Anforderungen inklusive zukünftiger Trends und antizipierter Veränderungen ist vorhanden. Das Unternehmen beteiligt sich an externen Diskussionen mit Aufsichts- und Industrieverbänden, um auf das Unternehmen einwirkende externe Anforderungen zu verstehen und diese zu beeinflussen. Best Practices, die eine effiziente Compliance mit externen Anforderungen sicherstellen, sind mit dem Ergebnis entwickelt worden, dass nur in sehr wenigen Fällen keine Compliance besteht. Es besteht ein zentrales, unternehmensweites System zur Nachverfolgung, das dem Management die Dokumentation des Workflows sowie die Messung und Verbesserung von Qualität und Wirksamkeit des Compliance-Überwachungsprozesses erlaubt. Ein Self-Assessment-Prozess in Zusammenhang mit externen Anforderungen ist implementiert und wurde bis zu einem Level von Good Practices verfeinert. Stil und Kultur des Unternehmensmanagements sind in ausreichendem Maße ausgeprägt, und die Prozesse sind so weit entwickelt, dass Schulungen auf neues Personal oder auf Fälle signifikanter Veränderungen beschränkt werden können.

Ein Unternehmen kann mit Hilfe des COBIT Maturity Assessment Tool bewerten, auf welchem Niveau es sich aktuell bei der Herstellung der Compliance mit externen Vorgaben befindet. Zudem kann es in diesem Zusammenhang den (langfristig) angestrebten Reifegrad definieren. Bei der Identifizierung des Reifegrades helfen Fragen, wie in der Tabelle 19 dargestellt. Die Bedeutung der Antworten auf diese Fragen für die Erfüllung der Unternehmensziele, spiegelt sich in ihrer Gewichtung wider – diese wird individuell angepasst. In dem Beispiel sind alle Fragen gleich gewichtet. Die Bewertung ist linear, das heißt bei der Nichterfüllung wird der Frage der Wert 0,00 zugeordnet, bei einer vollständigen Erfüllung der Wert 1,00. Die dazwischen liegenden Bewertungen werden mit 0,33(3) und 0,66(6) bewertet. Diese Art der Bewertung basiert auf dem Beispiel, das von Rafeq (2010) ausgearbeitet wurde. Oft wird anstelle der linearen eine exponentielle Bewertungsskala verwendet, die einerseits eine stärkere Würdigung der Fortschritte bei der Sicherstellung der Compliance in der IT ermöglicht, andererseits stärker die Nichterfüllung der Anforderungen ahndet.

Das kumulierte Ergebnis – der Reifegrad – liegt zwischen dem Wert 0 und 5, entsprechend der Reifegrade in der Tabelle 18.

Tabelle 19: **Ermittlung des Reifegrades für den IT-Prozess ME3** *Ensure Regulatory Compliance.*

Zielwert	Aussage zum Reifegrad (statement)	Bewertung				Abweichung (gap)
		Gar nicht (not at all)	Wenig/geringfügig (a little)	Einigermaßen (to some degree)	Ganz/ollständig (completely)	
0	There is little awareness of external requirements that affect IT, with no process regarding compliance with regulatory, legal and contractual requirements.	x				0,00
1	There is awareness of regulatory, contractual and legal compliance requirements impacting the organisation.				x	0,00
0	Informal processes are followed to maintain compliance, but only as the need arises in new projects or in response to audits or reviews.	x				0,00
1	A well-organised, efficient and enforced process is in place for complying with external requirements, based on a single central function that provides guidance and co-ordination to the whole organisation.			x		0,66 (6)
1	Extensive knowledge of the applicable external requirements, including their future trends and anticipated changes, and the need for new solutions exist.		x			0,33 (3)
1	The organisation takes part in external discussions with regulatory and industry groups to understand and influence external requirements affecting them.				x	1,00

1	Good practices are developed ensuring efficient compliance with external requirements, resulting in very few cases of compliance exceptions.			x		0,66 (6)
1	A central, organisationwide tracking system exists, enabling management to document the workflow and to measure and improve the quality and effectiveness of the compliance monitoring process.			x		0,66 (6)
1	An external requirements self-assessment process is implemented and refined to a level of good practice.	x				0,00
1	The organisation's management style and culture relating to compliance are sufficiently strong, and processes are developed well enough for training to be limited to new personnel and whenever there is a significant change.		x			0,33 (3)
Aktueller Reifegrad für den Prozess ME3 *Ensure Regulatory Compliance*						**3,70**
Zielwert für den Reifegrad (langfristige Planung 2 bis3 Jahre)						5,00

8 Darstellung der Metrik-Resultate

„Use simple graphics and colors."

(ITPCG 2010)

In der ITPCG-Studie aus dem Jahr 2010 wurden die Dashboards als die beliebteste Darstellungsform für die Metrik-Ergebnisse identifiziert (ITPCG 2010). Tests, durchgeführt in Organisationen die Dashbaords beim Monitoring der Security Compliance eingesetzt haben, haben gezeigt, dass die Aufmerksamkeit der Empfänger der Reports mit steigender Menge der Informationen, welche die Reports umfassen, sinkt. „As a result, simpler graphics and colors (most often red, yellow and green, but this differs by Country) corresponding to unacceptable or not appears better situated to people" (ITPCG 2010, 25).

Die Tendenz in der Darstellung der Metrik-Resultate in den Reports geht zu einfachen Darstellungsformen mit wenigen, eindeutigen Farben über: oft nach der sogenannten „Ampellogik" (rot, gelb, grün für entsprechend hohe, mittlere und niedrige Risiken) oder beschränkt sich gar auf nur zwei Farben (rot und grün), um einen akzeptablen Zustand von einem inakzeptablen zu differenzieren. ITPCG (2010, 25) empfiehlt sogar: „let the users of the information define and drive what's in the displays." Neben der direkten Abfrage der Bedürfnisse, können Erfahrungswerte aus der Marktforschung oder Statistik dabei helfen, eine empfängerorientierte und zugleich dem Informationsgehalt der Metrik entsprechende Darstellungsform zu wählen.

8.1 Graphische Darstellungen der Resultate

"One Picture is Worth Ten Thousand Words"

Fred R. Barnard

Für die graphische Darstellung der Metrik-Ergebnisse stehen unter anderem mehrere Diagrammarten zur Auswahl. Die Wahl der richtigen Darstellungsform richtet sich danach, welche Vergleichsart mit der Darstellung angestrebt wird.

Stab- und Balkendiagramme sind die einfachste graphische Darstellungsart. Die Länge der Balken ist proportional zur absoluten oder relativen Häufigkeit (Auftrittswahrscheinlichkeit eines Indikators, Wertes etc.).

Kreisdiagramme werden vorrangig für die relative Häufigkeiten verwendet.

Histogramme sind eine Darstellungsart, die sich an die Balkendiagramme anlehnt. Sowohl diskrete als auch stetige Merkmale können durch Histogramme dargestellt werden. Bei stetigen Merkmalen werden diese gruppiert und dann Rechtecke proportional in der Fläche zur relativen Häufigkeit gezeichnet. Im Gegensatz zum Balkendiagramm berühren sich die dargestellten Rechtecke.

Kurvendiagramme oder *Sequenzdiagramme* werden sehr gerne zur Darstellung sogenannter Zeitreihen (zum Beispiel bei Aktienkursen) verwendet.

Das *Stamm-Blatt-Diagramm* (auch Stengel-Blatt-Diagramm genannt) dient der Visualisierung von Häufigkeitsverteilungen. Das Diagramm besteht aus zwei Spalten. Die linke Spalte enthält als „Stämme" die Äquivalenzklassen, in die die auf der rechten Seite als „Blätter" dargestellten Merkmale eingeteilt werden.

Neben den einfachen Diagrammformen können zur Darstellung oder besonderem Herausstellen der Extremwerte und Ausreißer unter anderem die sogenannten *Box-Plotts* verwendet werden. Zur Veranschaulichung der Konzentrationsmaße ist die sogenannte *Lorenz-Kurve* geeignet. *Streuungs- oder Punktediagramme* werden gerne zur Darstellung zweidimensionaler Ergebnisse verwendet. Insbesondere, wenn es um die Darstellung von Abhängigkeiten oder Korrelationen zwischen zwei verschiedenen Metriken geht, gelten diese Diagramme als die geeignete Darstellungsform.

Die Einsatzmöglichkeiten verschiedener Diagrammformen wurden beispielhaft in der Abbildung 16 dargestellt.

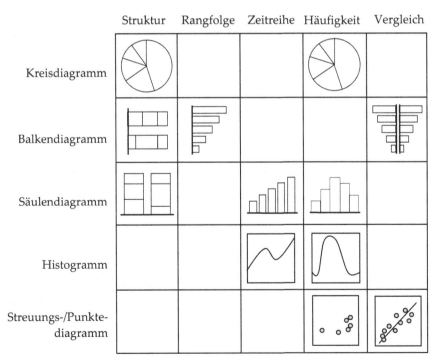

Abbildung 16: Eignung der Diagrammarten für verschiedene Darstellungszwecke.

8.2 Darstellung aggregierter Metrik-Resultate

Neben der Darstellung einzelner Ergebnisse oder Merkmale, die besonders hervorgehoben werden sollen, ist die Wahl richtiger Darstellungsformen der Gesamtergebnisse eine weitere Herausforderung für die Ersteller der Reports. Im Vordergrund steht hier nicht nur eine Präsentation der Resultate. Im Optimalfall sind die wichtigsten Aussagen, die aus den Analysen und der Auswertung der Metrik-Ergebnisse resultieren, direkt in der Grafik, auf dem Slide oder auf der Reportseite erkennbar.

Eine regelmäßige Auswertung der Metriken soll nicht nur die Feststellung und Dokumentation des Status Quo ermöglichen. Wichtige Ergebnisse der Metrik-Auswertung sind ebenfalls die Definition des Verbesserungspotentials, der Maßnahmen zur Schließung von Lücken zwischen dem Ist- und dem Soll-Zustand, sowie die Dokumentation der.

In der Abbildung 17 wird eine beispielhafte Darstellung der Metrik-Ergebnisse für eine der wesentlichen Kontrollen – die Zugriffskontrollen – als Balkendiagramm dargestellt. Anhand der Grafik ist direkt erkennbar, warum im vierten Quartal (Q4) eine Verschlechterung des Ist-Zustandes der Compliance in diesem Bereich zu verzeichnen ist. Die Gesetzesnovellierung, die die Unternehmen mit neuen, höheren Anforderungen an die Zugriffskontrollen konfrontiert hat, bewirkte eine – relative – Verschlechterung der Compliance. Diese wurde wiederum durch externe, von Unternehmen nicht beeinflussbare Faktoren (hier: die Gesetzesnovellierung), verursacht.

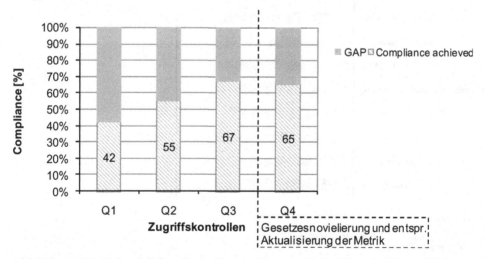

Abbildung 17: Beispiel für Compliance Report für Teilbereich Zugriffskontrollen

Für die Erstellung einer Gesamtübersicht der im Bereich Security Compliance überwachten Kontrollen, haben sich aktuell zwei Darstellungsarten durchgesetzt:

das Balkendiagramm (vgl. Abbildung 18) und das Spinnetzdiagramm (Beispiel in der Abbildung 19). Beide ermöglichen es, eine komprimierte Form des Status Quo und des angestrebten Soll-Zustandes, sowie der Abweichung zwischen dem Soll- und Ist-Zustand zu visualisieren.

In den Diagrammbeispielen werden aggregierte Metrik-Ergebnisse für die wesentlichen Kontrollen, beispielsweise nach der Klassifizierung von Herrmann (2007), ISO 27001, oder COBIT abgebildet. In dem Compliance Report werden Statusangaben zu den jeweiligen Kontrollfeldern gemacht. Empfehlenswert ist eine Ergänzung des Reports, um eine Übersicht der geplanten Maßnahmen, mit denen die identifizierten Lücken geschlossen werden sollen.

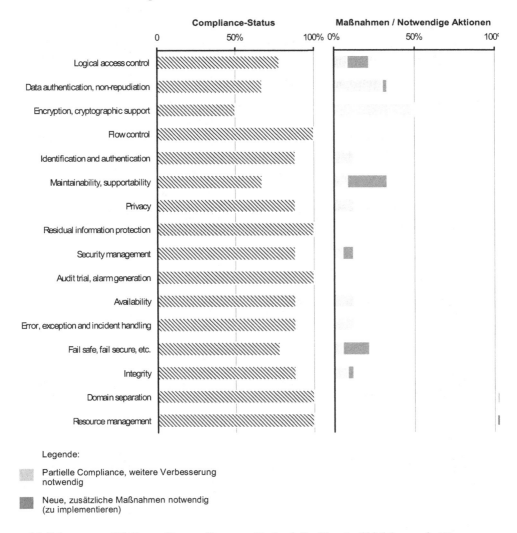

Abbildung 18: IT-Compliance Report (Beispiel). Kontrollfelder vgl. Herrmann (2007).

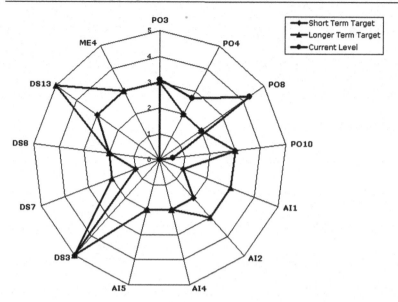

Abbildung 19: **Ergebnisdarstellung für ausgewählte Prozesse aus dem COBIT Maturity Assessment Tool**

9 Fazit und Ausblick

„Gedichte sind, wenn sie überhaupt lebensfähig sind, ganz besonders lebensfähig und können die eingreifendsten Operationen überstehen. Ein schlechter Vers zerstört ein Gedicht noch keineswegs ganz und gar, so wie ein guter es noch nicht rettet. Das Herausspüren schlechter Verse ist die Kehrseite einer Fähigkeit, ohne die von wirklicher Genussfähigkeit an Gedichten überhaupt nicht gesprochen werden kann, nämlich der Fähigkeit, gute Verse herauszuspüren."

Berthold Brecht, „Über das Zerpflücken von Gedichten"

Monitoring der Security Compliance unterliegt – wie aktuell viele Bereiche des Unternehmens – dem Trend der Automatisierung. Es werden immer mehr und immer detailliertere Ergebnisse in immer kürzeren zeitlichen Abständen produziert. Der Umfang der Metriken, mit denen der Zustand der Security Compliance gemessen und bewertet werden kann, lässt sich immer weiter skalieren.

Nicht die Anzahl der Metriken jedoch, wie in diesem Buch oftmals betont, ist ausschlaggebend für die Gewährleistung der Security Compliance bzw. für den Nachweis der Effektivität relevanter Kontrollen in der IT.

Die gezielte Auswahl der Metriken, der Einsatz einfacher aber geeigneter Methoden (wie das Goal-Question-Paradigma), die Identifizierung relevanter Normen, von denen die Anforderungen an die Security Compliance abgeleitet werden, gar die Wahl der richtigen Darstellungsform und Auswahl der Inhalte der Reports – all dies hat Einfluss darauf, ein erfolgreiches – effektives und effizientes – Monitoring zu etablieren.

So steht auch nicht mehr die Informationsbeschaffung im Fokus der Security Compliance; Auswertung und Bewertung der Informationen gewinnen an Bedeutung. Diese Herausforderung kann auf zweierlei Weise bewältigt werden. Erstens werden die Kompetenzen und praktischen Erfahrungen des betreuenden Personals immer wichtiger – aus den historischen Ereignissen und Vorfällen können Prognosen und Szenarien für die künftigen Sicherheitsvorfälle einfacher gebildet werden. Andererseits gewinnen Auswertungs- und Korrelationstools wie SEM, SIM oder SIEM immer stärker an Bedeutung, wenn es um eine automatisierte Auswertung der Vorfälle geht.

Die Informationsflut macht eine weitere Kompetenz wichtig: Die Eigenschaft, wichtige Informationen von den unwichtigen zu unterscheiden und die wesentliche Inhalte von den unwesentlichen trennen. Der Mensch, der zu dem schwächsten Glied der Sicherheitskette erkoren wurde, wird im Überwachungsprozess "rehabilitiert" und ist eine wesentliche Komponente des Monitoring geworden, indem er sich mehrwertbringend in die Informationsanalyse, die Bewertung der

Informationen und die Interpretation der Ergebnisse einbringt – ob bei der Konfiguration automatisierter Auswertungstools wie SIEM oder durch direkte analytische Arbeit mit den Metrik-Ergebnissen.

In diesem Buch wurden methodische – theoretische und praktische – Grundlagen zusammengestellt, die mit Hilfe von Metriken beim Monitoring verwendet werden können. Diese Zusammenfassung stellt keinen Anspruch auf Vollständigkeit; sie ist eher als Hilfe zur Selbsthilfe konzipiert und soll den Leser zu weiteren Recherchen, eigenen Interpretationen, Experimenten und praktischen Erprobungen anregen.

10 Metrik-Sammlung

Im Folgenden werden beispielhafte Metriken vorgestellt, welche verwendet werden können, um die Wirksamkeit der Kontrollen zu bewerten und zu beurteilen[46]. Die Liste hat keinen Anspruch auf Vollständigkeit; sie gilt lediglich der Veranschaulichung von potentiell in ausgewählten Bereichen der Informationssicherheit (wie zum Beispiel Authentifizierung, Zugriffskontrollen, Sicherheitsawareness etc.) anwendbaren Metriken.

Metriken für Incident Management
1. Anzahl der Incidents (Sicherheitsvorfälle)[47], welche
   a. vom Service Support bzw. Helpline direkt bearbeitet/gelöst werden konnten
   b. einer Eskalation bedürfen.
2. Durchschnittliche Bearbeitungszeit der Incidents[48], welche
   a. vom Service Support direkt bearbeitet / gelöst werden konnten
   b. einer Eskalation bedürfen (und anschließend gelöst wurden).
3. Anteil (in Prozent) der Incidents[49], welche zur Bearbeitung nicht richtig zugewiesen wurden, sowie Anzahl der sog. *reassignments* (Neuzuweisungen).
4. Anteil der Incidents, welche innerhalb der festgelegten Fristen (vgl. *control baseline*) gelöst wurden[50].
5. Anteil der Incidents (in Prozent), welche nicht richtig erkannt bzw. der falschen Kategorie zugeordnet wurden[51].
   a. Anteil der Incidents, welche in ersten Versuch vom Service Support erfolgreich bewältigt / gelöst wurden (sog. First Time Right Resolution).
6. Anteil der proaktiv (d.h. vor der Meldung durch die Incident-Management-Systeme) erkannten und gelösten Incidents.
7. Anzahl und Anteil (in Prozent) der Sicherheitsvorfälle (*security incidents*) in den zurückliegenden 12 Monaten, in welche Mitarbeiter involviert waren,
   a. für welche keine Kompetenzanforderungen an Sicherheitsfunktionen, -verantwortlichkeiten und -rollen definiert wurden

---

46 Als Quellen wurden verwendet u.a. Herrman (2007) *Complete Guide to Security and Privacy Metrics. Measuring Regulatory Compliance, Operational Resilience, and ROI.* New York: Auerbach Publications, New York und Brooks (2006) *Metrics for IT service management.* ItSMF International.
47 Aufgeteilt nach Kritikalität der Systeme und / oder der Assets.
48 Aufgeteilt nach Kritikalität der Systeme und / oder der Assets.
49 Aufgeteilt nach Kritikalität der Systeme und / oder der Assets.
50 Nach Kritikalität der Incidents bzw. der betroffenen Systeme.
51 Aufgeteilt nach Kritikalität der Systeme und / oder der Assets.

b. welche die definierten Kompetenzanforderungen nicht erfüllt haben

nach Gewichtung und Typ des Sicherheitsvorfalls.

8. Anzahl und Anteil (in Prozent) der Sicherheitsvorfälle (*security incidents*) in den zurückliegenden 12 Monaten, welche auf folgende Ursachen zurückzuführen sind:

   a. Ausfall bzw. Defekt der Mechanismen zur Datenauthentifizierung

   b. fehlerhafte Implementierung oder Konfiguration der Mechanismen zur Datenauthentifizierung

   c. das Fehlen von Mechanismen zur Datenauthentifizierung

   d. eine Kombination von zwei und mehr der o.g. Ursachen

nach Gewichtung und Typ des Sicherheitsvorfalls.

9. Anzahl und Anteil (in Prozent) der Sicherheitsvorfälle (*security incidents*) in den zurückliegenden 12 Monaten, welche auf folgende Ursachen zurückzuführen sind:

   a. das Fehlen einer Sicherheitsfunktion

   b. fehlerhafte Implementierung oder Konfiguration der Sicherheitsfunktion

   c. fehlende Implementierung der Sicherheitsfunktion

   d. nicht definierte oder fehlerhafte Definition der Rollen im Sicherheitsmanagement

   e. Probleme beim Abrufen der Rolle im Sicherheitsmanagement oder Sicherheitsfunktion

   f. eine Kombination von zwei und mehr der o.g. Ursachen

nach Gewichtung und Typ des Sicherheitsvorfalls.

10. Anzahl und Anteil (in Prozent) der Sicherheitsvorfälle (*security incidents*) in den zurückliegenden 12 Monaten, welche auf folgende Ursachen zurückzuführen sind:

   a. das Fehlen von Verschlüsselungsmechanismen

   b. fehlerhafte Implementierung oder Konfiguration der Verschlüsselung

   c. Fehler bei der Umsetzung bzw. Ausführung von Prozeduren zur Verschlüsselung und / oder Schlüsselmanagement

   d. das Fehlen von Verschlüsselung

   e. eine Kombination von zwei und mehr der o.g. Ursachen

nach Gewichtung und Typ des Sicherheitsvorfalls.

Metriken für Programm Development Controls

11. Anteil der Systeme[52] (in Prozent), die implementiert und konfiguriert wurden um:

   a. die zulässigen operationellen Abläufe zu ermöglichen

   b. die nicht zulässigen operationellen Abläufe zu verhindern

---

52 Systeme aufgeteilt nach Kritikalität der Assets und Systemrisiko.

    c. zu alarmieren, wenn ein (erfolgreicher) Versuch unternommen wird, die Mechanismen zur operationellen Ablaufkontrolle zu umgehen.

12. Anteil der Systeme[53] und Netzwerke (in Prozent), die in der Berichtsperiode getestet wurden und unter normalen und abnormalen Konditionen die zulässigen und nicht zulässigen operationellen Abläufe wie vorgegeben ermöglicht bzw. verhindert haben:

    a. die Fehlerverteilung nach Typ und Gewichtung, für die aktuelle Berichtsperiode sowie drei davorliegende Perioden.

13. Anteil der IT-Assets[54], für welche die zulässigen und nicht zulässigen operationellen Ablaufkontrollen definiert wurden.

14. Anteil der Systeme[55] und Netzwerke (in Prozent), die implementiert und konfiguriert wurden um:

    a. die zulässigen Datenflüsse zu ermöglichen

    b. die unzulässigen Datenflüsse zu verhindern

    c. zu alarmieren, wenn ein (erfolgreicher) Versuch unternommen wird, die Mechanismen zur Datenflusskontrolle zu umgehen.

15. Anteil der Systeme[56] und Netzwerke (in Prozent), die in der Berichtsperiode getestet wurden und unter normalen und abnormalen Konditionen den zulässigen und nicht zulässigen Datenfluss wie vorgegeben ermöglicht bzw. verhindert haben:

    a. die Fehlerverteilung nach Typ und Gewichtung, für die aktuelle Berichtsperiode sowie drei davorliegende Perioden.

16. Anzahl, Typ und Gewichtung in der Berichtsperiode festgestellter Fehler in:

    a. Mechanismen operationeller Ablaufkontrolle

    b. Mechanismen zur Datenflusskontrolle

nach Kritikalität der Assets und Sensitivitätsstufe der Informationen.

17. Anzahl und Anteil (in Prozent) der Sicherheitsvorfälle, nach Gewichtung der Vorfälle, die sich in folgenden Bereichen ereignet haben:

    a. Ausfall bzw. Störung der operationellen Ablaufkontrollmechanismen

    b. Ausfall bzw. Störung der Datenflusskontrollmechanismen

    c. fehlerhafte Spezifikation, Implementierung oder Konfiguration der operationellen Ablaufkontrollmechanismen

    d. fehlerhafte Spezifikation, Implementierung oder Konfiguration der Datenflusskontrollmechanismen

    e. Wahrscheinlichkeit, den operationellen Ablaufkontrollen zu umgehen

    f. Wahrscheinlichkeit, den Datenflusskontrollen zu umgehen

    g. Fehlen operationeller Ablaufkontrollen

---

53 Systeme aufgeteilt nach Kritikalität der Assets und Systemrisiko.

54 Nach Kritikalität der Assets und Sensitivitätsstufe der Informationen (z.B. streng vertraulich, vertraulich, intern, öffentlich).

55 Nach Kritikalität der Assets und Sensitivitätsstufe der Informationen.

56 Systeme aufgeteilt nach Kritikalität der Assets und Systemrisiko.

    h. Fehlen Datenkontrollflüsse

    i. eine Kombination von zwei und mehr der o.g. Bereichen.

18. Die Häufigkeit, mit welcher:

    a. Spezifikationen für die operationellen Ablaufkontrollen überprüft, bewertet, bestätigt und aktualisiert werden

    b. Spezifikationen für die Datenflusskontrollen überprüft, bewertet, bestätigt und aktualisiert werden

    c. Operationellen Ablaufkontrollen getestet werden, um ihre Wirksamkeit zu überprüfen

    d. Datenkontrollen getestet werden, um ihre Wirksamkeit zu überprüfen.

Metriken für Testen von IT-Systemen

19. Anteil der Systeme[57] (in Prozent), welche getestet und:

    a. ohne Einschränkungen freigegeben wurden

    b. mit Auflagen bzw. Einschränkungen freigegeben wurden

    c. nicht freigegeben wurden (Freigabetermin verschoben / aufgehoben).

20. Anteil der Systeme[58] (in Prozent), welche mit Auflagen freigegeben wurden und:

    a. die Auflagen nicht innerhalb vereinbarten Fristen erfüllt wurden

    b. die Auflagen erst nach den vereinbarten Fristen bereinigt wurden

    c. die Auflagen nicht bereinigt wurden.

21. Anzahl und Anteil (in Prozent) von Sicherheitsvorfällen, nach Gewichtung der Vorfälle[59], welche auf folgende Ursachen zurückzuführen sind:

    a. fehlerhafte Implementierung bzw. Konfiguration des IT-Systems

    b. nicht umgesetzte Auflagen aus den Freigaben

    c. unzureichende Tests und vor der Freigabe

    d. unzureichende bzw. nicht angemessene Schulungen.

22. Anteil von Systemen[60] (in Prozent) mit dokumentierten und genehmigten Testplänen.

23. Anteil von Systemen[61] (in Prozent), in welchen im sog. „post-implementation-review" (z.B. Prüfung durch die interne oder externe Revision) Fehler gefunden wurden:

    a. im Programmentwicklungsprozess bzw. -Freigabeprozess

    b. im System selbst

sowie Anzahl festgestellter Fehler.

---

57 Systeme aufgeteilt nach Kritikalität der Assets.

58 Systeme aufgeteilt nach Kritikalität der Assets.

59 Z.B. nach Länge von „Down-Time".

60 Systeme aufgeteilt nach Kritikalität der Assets.

61 Systeme aufgeteilt nach Kritikalität der Assets und Systemrisiko.

24. Anzahl von Veränderungen in Systemen, welche ohne die notwendigen Freigaben bzw. außerhalb des definierten Programmentwicklungsprozesses durchgeführt wurden.
25. Häufigkeit, mit welcher die Gesamtheit der operationellen Ablaufkontrollen und Datenflusskontrollen getestet wird
    a. im Normalbetrieb
    b. nach einem wesentlichen Update / Upgrade des Systems
    c. nach einem Sicherheitsvorfall.

Metriken für Verfügbarkeits-Management
26. Ausfallzeiten der Systeme und ihrer Komponenten (in Minuten),
    a. nach Kritikalität der Systeme bzw. Assets
    b. nach Kritikalität des Zeitpunktes (relevant z.B. für die Handelssysteme und rechnungslegungsrelevante Systeme zu den Stichtagen).
27. Zeitdauer zwischen dem den Ausfall verursachenden Event und der Entdeckungszeit des Ausfalls der Systeme und ihrer Komponenten (in Minuten).
28. Zeitspanne zwischen der Entdeckungszeit des Ausfalls der Systeme und ihrer Komponenten und der Aufnahme der Arbeiten an der Behebung des Ausfalls (in Minuten).
29. Dauer der Wiederherstellung (Zeitspanne zwischen Aufnahme der Arbeiten an der Behebung des Ausfalls und der tatsächlichen Behebung des Ausfalls (in Minuten).
30. Sog. Incident Recovery Time, d.h. Zeitspanne zwischen der Behebung des Ausfalls und der Wiederherstellung der Funktionsfähigkeit des Systems bzw. seiner Komponenten (in Minuten)[62]:
    a. durchschnittliche Incident Recovery Time
    b. maximale Incident Recovery Time.
31. Zeitspanne zwischen der Wiederherstellung der Funktionsfähigkeit des Systems bzw. seiner Komponenten und der Inbetriebnahme (in Minuten)[63], die sog. Incident Restoration Time.
    a. durchschnittliche Incident Restoration Time
    b. maximale Incident Restoration Time.
32. Zeitspanne zwischen der Entdeckungszeit des Ausfalls der Systeme und/oder ihrer Komponenten und der Inbetriebnahme (in Minuten)[64].
    a. Durchschnittliche Zeitspanne (auch sog. Mean Time To Restore, MTTR)
    b. maximale Zeitspanne.

---

62 Systeme aufgeteilt nach Kritikalität der Assets.
63 Systeme aufgeteilt nach Kritikalität der Assets.
64 Systeme aufgeteilt nach Kritikalität der Assets.

33. Anzahl der Ausfälle[65], welche

   a. auf die gleiche Ursache zurückzuführen sind

   b. sich wiederholt haben.

Metriken für die Zugriffskontrollen

34. Anteil von inaktiven Benutzerkonten, welche in der Berichtsperiode gemäß Vorgaben der Security Policy deaktiviert wurden.

35. Anteil der Benutzerkonten, die aus der Organisation ausgeschieden sind und nicht mehr benötigt werden, sowie in der Berichtsperiode gemäß Vorgaben der Security Policy deaktiviert wurden.

36. Anteil der Arbeitsplätze, die mit einer automatischen Log-out bzw. Session Time-out Funktionalität ausgestattet sind[66].

37. Anteil der Benutzerkonten, die in der Berichtsperiode im Hinblick auf die Richtigkeit der aktuellen Zugriffsrechte und Privilegien überprüft wurden[67].

38. Anteil der Systeme und Applikationen[68], die Zugriffsrechte und Privilegien nach dem Prinzip der rollenbasierten Zugriffskontrollen umgesetzt haben.

39. Anteil der mobilen und privaten Geräte, die einer Prüfung und Konfiguration unterzogen wurden, um Zugriff zur IT und zu bestimmten Informationen zu erhalten[69].

40. Anzahl der Versuche, bei denen ein – erfolgreicher oder erfolgloser – administrativer Zugriff von außerhalb des gültigen Wartungsfensters (gültiger Wartungsumgebung) erfolgte[70].

41. Anzahl der Fälle, in denen nicht-autorisierte Benutzer sog. Super-User-Rechte auf das Netzwerk oder Betriebssystem erhalten haben[71].

42. Anzahl der Fälle, bei denen Änderungen in den Zugriffsrechten und Privilegien keiner entsprechenden gültigen Aktivität der Benutzerverwaltung zugeordnet werden konnten.

   a. Pro Anzahl der Endnutzerkonten

   b. Pro Anzahl der Benutzerkonten mit Admin-Rechten.

43. Anzahl der Fälle, bei denen auf die IT und Informationen zugegriffen wurde, ohne dabei die gültigen Routinen zur Identifikation und Authentifizierung durchzugehen[72].

44. Anzahl der Organisationseinheiten (OE), die Zugriffsrechte und Privilegien für alle IT-Infrastruktur-Ebenen definiert und umgesetzt haben.

---

65 Aufgeteilt nach Kritikalität der Systeme und / oder der Assets.

66 Nach Sensitivitätsstufe der Informationen.

67 Nach Sensitivitätsstufe der Informationen.

68 Systeme aufgeteilt nach Kritikalität der Assets.

69 Aufgeteilt nach Kritikalität der betroffenen Assets.

70 Systeme aufgeteilt nach Kritikalität der Assets.

71 Systeme aufgeteilt nach Kritikalität der Assets.

72 Nach Kritikalität der Assets und Sensitivitätsstufe der Informationen.

45. Pro Organisationseinheit, Anteil der Systeme und Informationen, für die Zugriffsrechte und Privilegien definiert wurden[73].

46. Anteil der Organisationseinheiten, die Plausibilitätslisten führen, um sicherzustellen, dass keine unbeabsichtigten Zugriffsrechte im Rahmen ihrer Zugriffskontrollen entstehen.

47. Anteil der Systeme und Netzwerke, die bei unbekannter oder nichtdefinierter Aktivität, während des Abgleichs der Benutzerrechte und/oder Privilegien den Zugriff verweigern.

48. Anteil der Systeme und Netzwerke, die robuste Zugriffskontrollen implementieren und somit nichtautorisierte Änderungen in den Regeln für Zugriffsrechte und Privilegien verhindern[74].

49. Anteil der Organisationseinheiten, die bestimmt haben, wer:
    a. Zugriffsrechte und Privilegien im Regelbetrieb und in kritischen Situationen (Notfall, Ausfall, Krise, Katastrophe, etc.) ändern darf
    b. die Änderungen der Zugriffsrechte und Privilegien bestätigt bzw. genehmigt
    c. Nutzerrechte und Privilegien bestimmt bzw. veranlasst.

50. Anteil von Systemen und Netzwerken, für die Zugriffsrechte und Privilegien hinreichend detailliert definiert wurden, so dass sie – beabsichtigte oder unbeabsichtigte – Gefährdung, Missbrauch oder Herleitung ermöglichen[75].

51. Anteil des betrieblichen Umfelds (kritische Geschäftsprozesse), der Zugriffsrechte und Privilegien für alle möglichen Operationen an Ressourcen implementiert hat, darunter:
    a. Anteil der kritischen Geschäftsprozesse, die obligatorische Zugriffskontrollen implementieren.

52. Anteil des betrieblichen Umfelds (nicht-kritische Geschäftsprozesse), der Zugriffsrechte und Privilegien für den risikoreichsten bzw. kritischen Teil der möglichen Operationen an Ressourcen implementiert hat.

53. Anteil der Systeme und Netzwerke, für die Zugriffsrechte und Privilegien in der Berichtsperiode getestet wurden und die keine Abweichungen zu den Vorgaben im Regelbetrieb und /oder in kritischen Situationen gezeigt haben[76].
    a. Verteilung der identifizierten Probleme nach Typ und Gewicht in der laufenden und den drei davorliegenden Perioden.

54. Anteil der Organisationseinheiten, in welchen Zugriffsrechte und Privilegien die Anforderungen an Haftungspflichten und Verantwortung im Rahmen des Sicherheitsprogramms für die Belegschaft unterstützen.

---

73 Systeme aufgeteilt nach Kritikalität der Assets.
74 Systeme aufgeteilt nach Kritikalität der Assets.
75 Systeme aufgeteilt nach Kritikalität der Assets.
76 Systeme aufgeteilt nach Kritikalität der Assets.

55. Anteil der Mitarbeiter (in Prozent), welche der Prüfung von Zugriffs- und Zugangsberechtigungen im zurückliegenden Quartal unterzogen wurden, für die folgenden Gruppen:
    a. Interne Mitarbeiter
    b. Interne externe Mitarbeiter oder sog. „pseudo-insider" (z.B. in-house Berater etc.)
    c. Externe interne Mitarbeiter oder sog. „pseudo-outsider"
    d. Mitarbeiter vor dem internen Wechsel
    e. Mitarbeiter vor dem Ausscheiden aus dem Unternehmen
    f. Mitarbeiter vor der Kündigung.

Metriken für Kompetenzen (Wissen, Kenntnisse und Erfahrung) des Personals

56. Anzahl und Anteil (in Prozent) der Stellen, aufgeteilt nach Organisationseinheiten, für welche detaillierte Anforderungen an Skills bzw. Kompetenzen im Bezug auf die Sicherheitsfunktionen und -anforderungen (Rolle und Verantwortlichkeiten) definiert wurden, für
    a. Interne Mitarbeiter[77]
    b. Interne externe Mitarbeiter (z.B. in-house Berater etc.)
    c. Externe Mitarbeiter
    d. Mitarbeiter im Outsourcing
    e. Mitarbeiter im Outsourcing Offshore.

57. Anzahl und Anteil (in Prozent) der Mitarbeiter, welche ihre Kompetenzen überschritten haben, aufgeteilt nach Organisationseinheiten, für welche detaillierte Anforderungen an Skills bzw. Kompetenzen im Bezug auf die Sicherheitsfunktionen und -anforderungen (Rolle und Verantwortlichkeiten) definiert wurden, für
    a. Mitarbeiter gegliedert entsprechend der Risiken und Sensitivität der Informationen.

58. Anzahl und Anteil (in Prozent) der Stellen, für welche zusätzlich zu den Kompetenzen und Anforderungen auch Befristung und Beschränkung der Kompetenzen explizit definiert wurden.

59. Anzahl und Anteil (in Prozent) der Mitarbeiter, welche ihre Kompetenzen überschritten haben, für
    a. Interne Mitarbeiter
    b. Interne externe Mitarbeiter (z.B. in-house Berater etc.)
    c. Externe Mitarbeiter
    d. Mitarbeiter im Outsourcing
    e. Mitarbeiter im Outsourcing Offshore.

---

77 Verschiedene Mitarbeitergruppen müssen voneinander klar definiert und zu unterscheiden sein.

60. Anzahl und Anteil (in Prozent) der Mitarbeiter, welche ihre Kompetenzen überschritten haben, für

   a. Mitarbeiter gegliedert entsprechend der Risiken und Sensitivität der Informationen.

61. Anzahl und Anteil (in Prozent) der Stellen, für welchen innerhalb der zurückliegenden 12 Monaten (oder 3 Monaten nach erfolgter Reorganisation) die Sicherheitsfunktionen, -verantwortlichkeiten und -rollen geprüft und bewertet wurden, für

   a. Interne Mitarbeiter

   b. Interne externe Mitarbeiter (z.B. in-house Berater etc.)

   c. Externe Mitarbeiter

   d. Mitarbeiter im Outsourcing

   e. Mitarbeiter im Outsourcing Offshore.

62. Anzahl und Anteil (in Prozent) der Stellen, für welche innerhalb der zurückliegenden 12 Monaten (oder 3 Monaten nach erfolgter Reorganisation) die Sicherheitsfunktionen, -verantwortlichkeiten und -rollen geprüft und bewertet wurden, für

   a. Mitarbeiter gegliedert entsprechend der Risiken und Sensitivität der Informationen.

63. Bei festgestellten Schwächen / Schwachstellen bei der Prüfung der Personalkompetenzen, Anteil (in Prozent) der Organisationseinheiten welche folgende Maßnahmen nach der Prüfung durchgeführt haben:

   a. keine Maßnahmen wurden umgesetzt

   b. der Schulungsbedarf wurde identifiziert

   c. spezielle Schulungen für Mitarbeitergruppen wurden initiiert

   d. unterstützende Schulungen wurden durchgeführt

   e. neue Mitarbeiter wurden eingestellt / angeworben, um die identifizierten Kompetenzlücken zu schließen.

64. Anteil der Stellenbeschreibungen bzw. Arbeitsplatzbeschreibungen (in Prozent), welche die Sicherheitsrollen, Verantwortlichkeiten, Ausbildung und erforderliche Zertifizierungen für die folgenden Mitarbeiter enthalten:

   b. Sicherheitsmanager und Administratoren (hier insbesondere hervorzuheben EPIS)

   c. IT-Personal

   d. Mitarbeiter und Systemnutzer.

Metriken für Authentifizierung und Nicht-Abstreitbarkeit von Informationen

65. Anteil der Organisationseinheiten (in Prozent), welche Mechanismen zur Datenauthentifizierung[78] beim Informationsaustausch einsetzen, um die Her-

---

78 Als Datenauthentifizierung wird ein Nachweis über die Abstammung der Daten bzw. Informationen bezeichnet.

kunft der Informationen zu verifizieren, aufgeteilt nach der Sensitivität der Information, für

    a. Interne Kommunikation bzw. Informationsaustausch

    b. Kommunikation bzw. Informationsaustausch innerhalb des Gesamtkonzerns (d.h. inkl. Tochtergesellschaften, Vertrieb etc.)

    c. Kommunikation bzw. Informationsaustausch mit Geschäftspartnern

    d. Kommunikation bzw. Informationsaustausch mit externen Dritten

66. Anteil der Organisationseinheiten (in Prozent), welche die Datenauthentifizierung für folgende Assets und Informationen nutzen:

    a. Kritische Assets

    b. Wichtige Assets

    c. Sehr sensible Informationen

    d. Sensible Informationen.

67. Zeitdauer, für welche die Dokumentation (z.B. Reports) zu der Nicht-Abstreitbarkeit der Informationen aufbewahrt wird, aufgeteilt nach Organisationseinheiten und Kritikalität der Assets.

68. Anteil der Organisationseinheiten (in Prozent), welche in der Berichtsperiode ihre Mechanismen zur Datenauthentifizierung getestet und unter normalen und abnormalen Konditionen ihre Wirksamkeit bewertet haben[79]

    a. die Fehlerverteilung nach Typ und Gewichtung, für die aktuelle Berichtsperiode sowie drei davorliegende Perioden.

69. Häufigkeit, mit welcher die Implementierung der Datenauthentifizierung getestet wird

    a. im Normalbetrieb

    b. nach einem wesentlichen Update / Upgrade des Systems

    c. nach einem wesentlichen Sicherheitsvorfall.

Metriken für Sicherheitsmanagement und -richtlinien

70. Anteil der Organisationseinheiten (in Prozent), für welche Sicherheitsrichtlinien und -prozeduren bzgl. der Standardisierung des Managements von Sicherheitsfunktionen definiert, implementiert und exekutiert wurden[80].

71. Anteil der Organisationseinheiten (in Prozent), welche die Sicherheitsrichtlinien und -prozeduren entsprechend der Systemrisiken, Kritikalität der Assets und Sensitivität von Informationen, anwenden.

72. Anteil der Mitarbeiter (in Prozent) welche die Kenntnisnahmen der für sie relevanten Sicherheitsrichtlinien, -prozeduren und -standards schriftlich bestätigt haben.

---

79 Nach Kritikalität der Assets und Sensitivitätsstufe der Informationen.
80 Nach Kritikalität der Assets.

73. Anteil der Sicherheitsfunktionen (in Prozent), die in der Berichtsperiode getestet wurden und unter normalen und abnormalen Konditionen ordnungsgemäß funktioniert haben:

    a. die Fehlerverteilung nach Typ und Gewichtung, für die aktuelle Berichtsperiode sowie drei davorliegende Perioden.

74. Anteil der Organisationseinheiten (in Prozent), welche die Sicherheitsrichtlinien und -prozeduren entsprechend der Systemrisiken, Kritikalität der Assets und Sensitivität von Informationen, anwenden.

75. Häufigkeit, mit welcher folgende Bestandteile des Sicherheitsmanagements bewertet, beurteilt und aktualisiert bzw. entfernt werden:

    a. Sicherheitsattribute
    b. Sammlung und Archivierung der Sicherheitsdaten
    c. Konfiguration und Operation der Sicherheitsfunktionen
    d. Definition der Sicherheitsmanagementrollen und Ausfüllen dieser.

76. Anteil der Mitarbeiter, welche die aktuellen, für ihre Aufgaben relevanten Sicherheitsrichtlinien, -prozeduren und -standards erhalten haben, aufgeteilt nach Organisationseinheiten:

    a. Interne Mitarbeiter
    b. Interne externe Mitarbeiter oder sog. „pseudo-insider" (z.B. in-house Berater etc.)
    c. Externe interne Mitarbeiter oder sog. „pseudo-outsider"

77. Anteil der Sicherheitsrichtlinien, -prozeduren und -standards, welche:

    a. aktuell bzw. aktualisiert
    b. hinreichend detailliert, um implementiert zu werden
    c. definierte Rollen und Verantwortlichkeiten
    d. bestimmten Funktionen zugeordnet
    e. für bestimmte Risiken und Kritikalität maßgeschneidert
    f. mit bestimmten Assets verbunden

sind, aufgeteilt nach Organisationseinheiten.

78. Anteil der Sicherheitsrichtlinien, -prozeduren und -standards, welche sowohl im normalen als auch im abnormalen Betrieb einsetzbar sind.

79. Häufigkeit, mit welcher den Mitarbeitern Schulungen bzgl. der Sicherheitsrichtlinien, -prozeduren und -standards angeboten werden, nach Organisationseinheiten aufgeteilt:

    a. Datum der letzten Schulung
    b. Anteil der Mitarbeiter, welche an den Schulungsmaßnahmen innerhalb der zurückliegenden 6 Monaten teilgenommen haben
    c. Anzahl der Hinweise und / oder Ergänzungen aus den Schulungen, welche in den zurückliegende 6 Monaten in den Sicherheitsrichtlinien, -prozeduren und -standards nach eingearbeitet bzw. berücksichtigt wurden.

80. Anteil der Anforderungen aus den Sicherheitsrichtlinien, -prozeduren und -standards, welche durch
    a. technische Kontrollen
    b. manuelle / Management-Kontrollen
    c. Kombination der beiden oben genannten
    gewährleistet werden.
81. Anteil der sog. Dritten Parteien, bei welchen die Einhaltung der Anforderungen aus den Sicherheitsrichtlinien, -prozeduren und -standards vertraglich geregelt wurde, für die
    a. sog. "pseudo-insiders"
    b. sog. "pseudo-outsiders"
    c. Outsourcing-Partner
    d. Offshore-Partner.

Metriken für Verschlüsselung und kryptographische Maßnahmen

82. Anteil der Kommunikationswege (in Prozent), welche mit Verschlüsselung gesichert sind, aufgeteilt nach der Sensitivität der übertragenen Informationen.
83. Anteil der kritischen und wesentlichen Assets und Informationen (in Prozent), welche auf den netzwerkfähigen Endgeräten aufbewahrt werden und mit als sicher geltenden, standardisierten Verschlüsselungsverfahren (Algorithmen) geschützt sind, aufgeteilt nach Sensitivität der Informationen bzw. Assets.
84. Anteil der mobilen Endgeräte (in Prozent), welche Verschlüsselung für die Aufbewahrung und Übertragung von Informationen nutzen, aufgeteilt nach Sensitivität der Informationen.
85. Anteil der aktiv genutzten Daten und Informationen (in Prozent), welche verschlüsselt aufbewahrt werden[81]
    a. auf den Servern
    b. auf den Arbeitsplatzrechnern
    c. auf den mobilen Arbeitsgeräten
    d. auf dem Papier (Hardcopy)
    e. bei der Übertragung innerhalb von LAN
    f. bei der Übertragung innerhalb von WAN
    g. auf den tragbaren Datenspeichern (USB-Stick, CD, Magnetbänder etc.).
86. Anteil der nicht mehr aktiv genutzten Daten und Informationen (in Prozent), welche verschlüsselt aufbewahrt werden[82]
    a. auf den Servern

---

81 Aufgeteilt nach Organisationseinheit, Kritikalität der Assets und Sensitivität der Informationen.

82 Aufgeteilt nach Organisationseinheit, Kritikalität der Assets und Sensitivität der Informationen.

    b. auf den Arbeitsplatzrechnern

    c. auf den mobilen Arbeitsgeräten

    h. auf dem Papier (Hardcopy)

    d. auf den tragbaren Datenspeichern (USB-Stick, CD, Magnetbänder etc.).

87. Anteil der Passwörter, PINs und anderer Authentifizierungsdaten, welche verschlüsselt aufbewahrt bzw. archiviert werden.

88. Anteil der Informationen, für welche Verschlüsselung verwendet wird[83]:

    a. streng vertrauliche (strategische, technische) Unternehmensinformationen

    b. streng vertrauliche (durch Dritte zur Verarbeitung überlassene) Daten

    c. urheberrechtlich geschützte Informationen

    d. Finanzdaten

    e. personenbezogene Daten

    f. Authentifizierungsdaten (PIN, Passwörter etc.)

    g. Zugriffs- und Zutrittsregelungen

    h. Unternehmensinterne Kommunikation.

89. Anteil der Organisationseinheiten (in Prozent), welche folgende Verschlüsselung anwenden[84]:

    a. Hardware-Verschlüsselung

    b. Software-Verschlüsselung

    c. Kombination aus den beiden o.g. Verschlüsselungsarten.

90. Art der Verschlüsselung, aufgeteilt nach Organisationseinheit, Kritikalität der Assets und Sensitivität der Informationen:

    a. Symmetrische Verschlüsselung

    b. Asymmetrische Verschlüsselung

    c. Kombination aus symmetrischer und asymmetrischer Verschlüsselung.

91. Stärke der Verschlüsselung, aufgeteilt nach Organisationseinheit, Kritikalität der Assets und Sensitivität der Informationen:

    a. sehr starke Verschlüsselung[85]

    b. starke Verschlüsselung

    c. Verschlüsselung mittlerer Stärke

    d. schwache Verschlüsselung.

92. Anteil der Organisationseinheiten, welche mehrfache Verschlüsselung (*multiple encryption*) für kritische und wesentliche Assets verwenden.

---

83 Aufgeteilt nach Organisationseinheit, Kritikalität der Assets und Sensitivität der Informationen.

84 Aufgeteilt nach Kritikalität der Assets und Sensitivität der Informationen.

85 Die Stärke der Verschlüsselung hängt mit der Art der Verschlüsselung und der Schlüssellänge zusammen, welche sich wiederum an dem aktuellen Stand der Krypto-Forschung orientiert. Für die asymmetrische Verschlüsselung RSA wird eine Schlüssellänge von mindestens 1536 Bit empfohlen; für die Verschlüsselungsalgorithmen auf Basis von elliptischen Kurven mindestens 190 Bit. Für symmetrische Verschlüsselung wird als die minimale Schlüssellänge 112 Bit empfohlen.

93. Häufigkeit, mit welcher die Verschlüsselungsschlüssel geändert werden, aufgeteilt nach Organisationseinheiten, Kritikalität der Assets und Sensitivität der Informationen, für:
    a. symmetrische Schlüssel
    b. asymmetrische Schlüssel
    c. nach dem Verlust oder Diebstahl eines Schlüssels.

94. Anteil der Organisationseinheiten(in Prozent), in welchen die Verschlüsselungsmechanismen in der Berichtsperiode getestet wurden und welche unter normalen und abnormalen Konditionen ihre Wirksamkeit bewertet und beurteilt haben[86]:
    a. die Fehlerverteilung nach Typ und Gewichtung, für die aktuelle Berichtsperiode sowie drei davor liegende Perioden.

Metriken für Integrität

95. Anteil (in Prozent) der Integritätskontrollen, welche folgenden Aktivitäten entgegenwirken:
    a. zufällige (bösartige) Schädigung
    b. vorsätzliche (bösartige) Schädigung.

96. Anzahl und Anteil der Integritätsfehler (in Prozent) in der Berichtsperiode, aufgeteilt nach der Ursache der Fehler, in:
    a. Hardware
    b. Telekommunikationsanlagen
    c. Betriebssystem
    d. Applikationen
    e. Nutzerdaten (online und offline)
    f. Systemdaten (online und offline)
    g. externen Schnittstellen
    h. sonstige / andere

97. Verteilung der Integritätsfehler in der Berichtsperiode
    a. in den Systemen
    b. in den Daten und Informationen
    aufgeteilt nach Typ und Gewichtung der Fehler.

98. Anzahl und Dauer der Ausfälle im Monitoring von
    a. Systemintegrität
    b. Datenintegrität.

99. Auswirkung der Integritätsfehler:
    a. Anzahl der betroffenen Stakeholder
    b. Anzahl der betroffenen Assets, nach der Kritikalität der Assets
    c. Dauer (Zeit zwischen der Entdeckung des Fehlers und dessen Behebung).

---

86 Nach Kritikalität der Assets und Sensitivitätsstufe der Informationen.

Metriken für Sicherheitsawareness[87]

100. Anteil der Arbeitsplätze (in Prozent), welche in der Berichtsperiode in den Pausen bzw. außerhalb der Arbeitszeit gesperrt werden[88].

101. Anteil der Arbeitsplätze (in Prozent), auf welchen in der Berichtsperiode vertrauliche Unterlagen (außerhalb der Arbeitszeit) nicht eingeschlossen werden[89].

102. Anteil der Mitarbeiter, welche über die aktuellen Angriffe (Viren etc.) in der Berichtperiode unterrichtet wurden.

103. Anzahl und Anteil der Benutzer (in Prozent), für welche eine Rücksetzung des Passworts erfolgen musste sowie Häufigkeit der Rücksetzungen pro Benutzer.

104. Anzahl der Meldungen (z.B. Anrufe bei Helpline bzw. beim Service Support) bzgl. abnormaler Funktionsweise der Geräte am Arbeitsplatz nach dem Besuch einer Website, Öffnen einer E-Mail etc.

105. Anzahl proaktiver Meldungen (z.B. Anrufe bei Helpline bzw. beim Service Support) bzgl. Umgang mit / Öffnen von E-Mail-Anhängen (in der Berichtsperiode).

106. Anteil der Arbeitsqualitätsauswertungen, welche eine Evaluation der Verantwortlichkeiten und Compliance (Einhaltung relevanter Vorgaben) in der Informationssicherheit umfassen, nach Risikogehalt der Stellen[90].

---

87 Quelle: Schaumann, P. 2007. „Zur Metrik von Sicherheit und Bewusstsein".
http://www.iisa.at/Sicherheit_und_Metrik.pdf

88 Aufgeteilt nach Bereichen gem. Kritikalität der Assets und Sensitivitätsstufe der verarbeiteten Informationen.

89 Aufgeteilt nach Bereichen gem. Kritikalität der Assets und Sensitivitätsstufe der verarbeiteten Informationen.

90 Nach Kritikalität der Assets und Sensitivitätsstufe der Informationen.

SF-CONCRUNCH®

KOMPLEXEN CONTENT ZIELSICHER BÄNDIGEN
MEHR ERFOLG DURCH „ERLEBTE" ERGEBNISSE

BUSINESS INTELLIGENCE
VISUAL ANALYTICS

Die alltägliche Suche nach „Erfolgschancen am Markt", „cleveren Innentätern" und „sich anbahnender Konkurrenz" sind typische Beispiele für die vielzitierte „Suche nach der Nadel im Heuhaufen". Entsprechender Erfolg eines Unternehmens im Sicherheits-, Risiko- und Marktmonitoring erfordert deshalb ein **kontinuierliches und zielsicheres Durchdringen komplexer Zusammenhänge in großen Datenmengen** - durch möglichst ebenso dauerhaft motivierte Mitarbeiter.

Im Kern der „Content Crunch"-Herausforderung gilt es, die um den eigentlichen Inhalt ruhende Komplexität und Quantität derart erkenntnis-, verständnis- wie auch wertschöpfungsorientiert „aufzubrechen", dass für alle Beteiligten regelmäßig „Perlen" als Resultat hervorgehen. D.h. zugehörige Bearbeitungsvorgänge wie auch die Ergebnisse selbst müssen für den Anwender so zum **„täglich inspirierenden Erlebnis"** werden, dass sich mit der entstehenden „Perlenkette" ein auf Dauer motivierter Arbeits- und Wertschöpfungsprozess ergibt – nichts beglückt mehr als regelmäßige „Aha-Erlebnisse".

SF-ConCrunch ist ein Modul der SF-RiskSaver Intelligence Suite und zielt genau auf diese ergebnis- aber auch erlebnis-orientierte Wegführung zu mehr Wertschöpfung im „Daten- und Informations-Alltag" eines Unternehmens. Metriken sind hierbei eine Form der Wegweisung. Die gezielte „Kreuzung" von SIEM-Technologie, Visualisierung und struktureller wie auch statistischer Datenanalyse eröffnet in auf Dauer angelegten Tätigkeitsbereichen eine in der Unternehmenspraxis bisher nicht erreichte Produktivität – dank Trefferquote und Motivation:

- **Analyse und Monitoring inhaltlich und volumenbezogen komplexer Prozesse**
- **flexible Dashboard- und Reporting-Konzeption**
- **innovative Führung der Anwender durch den Content und die Ergebnisse**
- **automatische Benachrichtigung über wichtige Erkenntnisse via E-Mail, SMS, etc.**
- **motiviertes Arbeiten in der Benutzeroberfläche**
- **Verrechnung beliebigen Datenmaterials und Verwertung sämtlicher Quellen**
- **universelle Datenschnittstelle**
- **interne Differenzierung zwischen Event- und Status- bzw. Modell-Daten**
- **Datenkorrelation und Auffälligkeitsdetektionen**
- **universeller „Daten Squeezer" für spontane und schnelle Online-Analysen**
- **vollständig automatisierbare Implementierung**
- **robuste Prozesse für Event-Daten in großem Umfang**
- **automatisierter, effektiver und kostenoptimaler Betrieb**
- **einfache Bedienung, „Plug & Play"-Implementierung**

Die Anwendungsgebiete für **SF-ConCrunch** in der Unternehmenspraxis sind breit gefächert:

- **Security-Metriken „on-top" vorhandener SIEM- und Monitoring-Systeme**
- **Synchronität komplexer und umfassender technischer Konfigurationen**
- **Stammdaten-Überwachung und -Qualitätssicherung**
- **Social-Media-Monitoring**
- **etc.**

Erstklassiger Service, professionelle Implementierung und ROI-bedachte Lösungen gehören zum Selbstverständnis unseres Unternehmens. Nehmen Sie mit uns Kontakt auf und fragen Sie nach den für Sie interessanten Business-Cases, oder diskutieren Sie mit unseren Spezialisten direkt Ihre individuellen „zu knackenden Herausforderungen". **SF-ConCrunch bringt Sie für mehr Erfolg zum Informationskern Ihrer Daten – schnell, sicher und zielorientiert!**

Literatur

AICPA. 2010. *Top Technology Initiatives Survey.* Url: http://www.aicpa.org/toptech.

Alexandre, S. 2002. *Software Metrics: An Overview* (Version 1.0). CETIC asbl – University of Namur, Software Quality Lab, Belgium.

Basili, V.R. und Weiss, D.M. 1984. A methodology for collecting valid software engineering data. *IEEE Transactions of Software Engineering* 10 (6) (Nov. 1984), 728–738.

Basili, V.R., Caldiera, G. und Rombach, H. D. (1994) "The Goal Question Metric Approach". In: *Encyclopedia of Software Engineering.* John Wiley & Sons, 1994, 528–532. (http://www.cs.umd.edu/~basili/publications/technical/T87.pdf).

Bejtlich, R. 2004. *The Tao of Network Security Monitoring. Beyond Intrusion Detection.* Addison-Wesley, Amsterdam.

Berndt, M. (Hrsg.) 2008. Datenschutz und Datensicherheit. Umsetzungsanleitung und -prüfung für Kreditinstitute in der Praxis. ESV, Berlin.

Bitkom und DIN. 2009. *Kompass der IT-Sicherheitsstandards. Leitfaden und Nachschlagewerk* (4. Auflage / August 2009). Bitkom, Berlin.

Brennan, G. 2008. "Continuous Auditing Comes of Age". In: *Information Systems Control Journal* 1/2008, 50-1.

Brooks, P. 2006. *Metrics for IT service management.* ItSMF International.

Brotby, W. K. 2009. *Information Security Governance. A Practical Development and Implementation Approach.* Wiley, Hoboken, New Jersey.

Buderath, H. 2006. Interne Revision (IR) als Element der Corporate Governance. In: Lück, W. *Zentrale Tätigkeitsbereiche der Internen Revision*, Berlin.

Chapin, A. und Akridge 2005. How Can Security Be Measured?, In: *ISACA Journal.* http://www.isaca.org/Journal/Past-Issues/2005/Volume-2/Pages/How-Can-Security-Be-Measured.aspx.

COSO. 1992. *Internal Control* Security Maturity Model – *Integrated Framework.* Committee of Sponsoring Organisations of the Treadway Commission.

COSO. 2007. *Internal Control – Integrated Framework. Guidance on Monitoring Internal Control Systems. (Discussion Document).* September 2007. http://www.isaca.org/Template.cfm?Section=Home&Template=/ContentManagement/ContentDisplay.cfm&ContentID=37312 (besucht am 31.10.2007).

COSO. 2009. *Guidance on Monitoring Internal Control Systems*, AICPA, USA.

Creech, J. und Aldermann, H. 2010. „IT Policy Compliance for Dummies". Wiley, Chichester, West Sussex.

David, K. und Tsinas, L. 2010. Compliance aus Sicht der Information Security. In: <kes> 3/2010, 51–59.

Dobbertin, H. 2002. "Code knacken aus Profession". In: *Rubin* 2/2002, 6–14.

Fedtke, S. 2010. "Epische Macht". In: <kes> 6/2010, 6–13.

Fenton, N. und Pfleeger, S. L. 1996. *Software Metrics – A Rigorous and Practical Approach* (2nd Edition). Int. Thomson Computer Press, London.

Frei, P. 2009. "IT-Kontrollen in der Finanzberichterstattung. Bedeutung und Implikationen für Schweizer Unternehmen". In: C. Meyer und D. Pfaff (Hrsg.), *Finanz- und Rechnungswesen – Jahrbuch 2009*, WEKA-Verlag, Zürich, 143–164.

Fröhlich, M. 2010. "Regulierung in der Audit-Praxis". Vortrag auf dem ISACA-Seminar "IT Compliance-Manager", Frankfurt School of Finance & Management, 19.2.2010.

Garber, M. 2010. "A Higher Level of Governance – Monitoring IT-Internal Controls". In: *ISACA Journal* 6/2010, 45–49.

Gaulke, M. 2010. "Das COBIT® Referenzmodell als Compliance-Framework". Vortrag auf dem ISACA-Seminar "IT Compliance-Manager", Frankfurt School of Finance & Management, 15./16.4.2010.

Goodman, P. 1993. *Practical Implementation of Software Metrics*. McGraw Hill, New York.

Haase, H. 1998. *Stochastik für Betriebswirte*. Shaker Verlag, Aachen.

Herrmann, D. S. 2007. *Complete Guide to Security and Privacy Metrics. Measuring Regulatory Compliance, Operational Resilience, and ROI*. Auerbach Publications, New York.

Hochstädter, D. 1996. *Statistische Methodenlehre*. Harri Deutsch, Frankfurt a.M.

Idri, A, Kjiri, L. und Abran, A. 2000. *COCOMO Cost Model Using Fuzzy Logic*. In: 7th Int. Conference on Fuzzy Theory and Technology. Atlantic City, New Jersey.

ISACA. 2007. *Monitoring of Internal Controls and IT. A Primer for Business Executives, Managers and Auditors on How to Advance Best Practices* (Exposure Draft 25.3.2010).

ISACA. 2010. *Monitoring Internal Control Systems and IT*. ISACA, Rolling Meadows.

ISACA. 2010a. *Security Information and Event Management: Business Benefits and Security, Governance and Assurance Perspective. An ISACA Emerging Technology White Paper*. ISACA, Rolling Meadows.

ITGI und ISACA Switzerland Chapter. 2005. COBIT 4.0 (Deutsch). Url: http://www.isaca.ch.

ITGI. 2006. *IT Control Objectives for Sarbanes-Oxley* (2nd Edition). ITGI, Rolling Meadows.

ITGI. 2007. *COBIT 4.1 – Framework, Control Objectives, Management Guidelines, Maturity Models*. ITGI, Rolling Meadows.

ITPCG. 2010. What Color is Your Information Risk Today? IT Policy Compliance Group (ITPCG) Research Report, September 2010. Url: http://www.itpolicycompliance.com/pdfs/What_Color_Is_Your%20Information_Risk%20_Today_ITPCG_Sep_2010.pdf.

Kissinger, B.C. 2010. "Information Technology Compliance: Past, Present and Future". In: *ISACA-Journal* (Vol. 1/2010), Journal Online – Online Exclusive.

Klotz, M. 2010. "Status und Entwicklung wichtiger Gesetzgebungen und Regulationen". Vortrag auf dem ISACA-Seminar "IT Compliance-Manager", Frankfurt School of Finance & Management, 18.2.2010.

Klotz, M. und Dorn, D.W. 2008. „IT-Compliance – Begriff, Umfang und relevante Regelwerke". In. Hildebrand, K. und Meinhardt, S. (Hrsg.) *Compliance & Risk Management*, HMD 263 (Okt. 2008), 5–14.

Lorenz, M. and Kidd, J. 1994. *Object-Oriented Software Metrics: A Practical Guide*. Prentice-Hall.

Mehta, A. 2009. „Compliance Audit – A Process of Optimization, Not an Obligation". In: *ISACA Journal* Vol. 1/2009, 37–8.

Moennighoff, B. 2004. *Metrik*. Reclam Verlag.

OECD. 2002. „OECD Guidelines on the Protection and Transborder Flows of Personal Date".

PCAOB. 2009. *An Audit of Internal Control over Financial Reporting that is Integrated with an Audit of Financial Statements: Guidance for Auditors of Smaller Public Companies*. PCAOB, Washington.

Rafeq, A. 2010. "Using COBIT for Assessing IT Process Maturity: A Case Study." In: *COBIT Focus. Using COBIT, Val IT, Risk IT and ITAF*, Vol. 4 (Oct. 2010), 1–5.

Rai, S. und Chukwuma, P. 2010. "Top 10 Security and Privacy Topics for IT Auditors". In: *Information Systems Control Journal* Vol. 2/2010.

Rath, M. und Sponholz, R. 2009. *IT-Compliance: erfolgreiches Management regulatorischer Anforderungen*. Erich Schmidt Verlag, Berlin.

Rüter, A., Schröder, J. und Göldner, A. (Hrsg.). 2010. *IT-Governance in der Praxis : erfolgreiche Positionierung der IT. Anleitung zur erfolgreichen Umsetzung regulatorischer und wettbewerbsbedingter Anforderungen*. Springer Verlag, Berlin.

Schaumann, P. 2007. „Zur Metrik von Sicherheit und Bewusstsein". Url: http://www.iisa.at/Sicherheit_und_Metrik.pdf

Schomerus, G. 2009. BDSG. Bundesdatenschutzgesetz. Kommentar (9. Auflage). C.H. Beck, München.

Sethuraman, S. 2007. "Turning a Security Compliance Program into a Competitive Business Advantage". In: *Information Systems Control Journal* Vol. 5/2007.

Singleton, T.W. 2010. "Mitigating IT Risk for Logical Access". In: *ISACA Journal* 5/2010, 7–9.

Tebelmann, K. 2010. *IT Compliance & Security Management*. Symantec Corporation.

Torgerson, M. 2007. "Security Metrics", 12th International Command and Control Research and Technology Symposium (ICCRTS), Newport 19-21.6.2010. Url: http://www.dodccrp.org/events/12th_ICCRTS/CD/html/presentations/108.pdf (besucht am 21.9.2010).

Sachwortverzeichnis